Salem
a Fi

i
Jackie, Lowri a Hannah
ac i gofio fy rhieni

Salem a Fi

ENDAF EMLYN

Hoffwn ddiolch i'r Lolfa am yr ysgogiad i adrodd yr hanes,
ac i Mari Emlyn am olygu'r llyfr cyntaf i fi ei sgwennu erioed.

Argraffiad cyntaf: 2024
© Hawlfraint Endaf Emlyn a'r Lolfa Cyf., 2024

Dymuna'r cyhoeddwyr gydnabod cymorth ariannol
Cyngor Llyfrau Cymru

Cynllun y clawr: Sion Ilar
Llun y clawr: Elgan Griffiths

Rhif Llyfr Rhyngwladol: 978 1 80099 623 6

Cyhoeddwyd, rhwymwyd ac argraffwyd yng Nghymru gan
Y Lolfa Cyf., Talybont, Ceredigion SY24 5HE
gwefan www.ylolfa.com
e-bost ylolfa@ylolfa.com
ffôn 01970 832 304

Cynnwys

Codi'r caead

MIS HYDREF 2021 oedd hi, yn nyddiau tywyll y Cofid a'r Clo. Ar ôl troedio coridorau gweigion ysbyty mawr y Mynydd Bychan yng Nghaerdydd, ro'n i'n gorwedd ar fy hyd mewn stafell sgan uwchsain. Roedd nyrs yn chwilio cyflwr fy nghyfansoddiad, i weld pa fath o ofal fyddai ei angen ar hen ddyn fel fi, wedi'r llawdriniaeth. Bythefnos ynghynt ro'n i wedi cael gwybod fod canser yn fy nghylla, ac wrth boeni am yr hyn oedd o 'mlaen, a chyda sŵn fy ngwaed yn ffrwtian trwy falfiau'r galon yn llenwi'r stafell, crwydrodd fy meddwl i Garreg yr Imbyll ym Mhwllheli. Mae ynddi hollt, ac yng ngwaelod yr hollt mae trobwll peryglus y Crochan Berw, a'i dwrw wrth ferwi a sgeintio'n ewynnog yn debyg i sŵn y galon bryderus y bora hwnnw.

O dro i dro, pan ddaeth awgrym y dylwn i sgwennu hunangofiant, fedrwn i weld dim un rheswm da dros wneud hynny. Cyndyn iawn fues i erioed i dynnu sylw, am resymau sy'n astrus. Ond y bora hwnnw â'm dyfodol yn ansicr, dyma fi'n gofyn i fi'n hun, beth oedd hynna i gyd, y degawdau wibiodd heibio, yr holl hwyl a'r helbul? Tybed ddylwn i godi'r caead fymryn?

Mae fy record *Salem* yn dathlu ei phen-blwydd yn hanner cant eleni, yn haf 2024. Mi ges fy holi fwy amdani nag am ddim byd arall wnes i, a gofynnwyd i mi sgwennu'r pwt yma i ddathlu'r hanner can mlynedd. Pam fod y llun yma wedi ennill ei le fel eicon o'r bywyd Cymreig? Beth oedd apêl byd llychlyd y capel i mi, ac i lawer o wrandawyr y record, ynghanol sglein gormodiaeth a dillad gwirion y saithdegau rociog? A pham o'n i mor gyndyn i ganu?

Mae gen inna ben-blwydd yn 2024, yn syfrdanol, wyth deg oed! Rydw i'n ddyn o'r oes o'r blaen, yn ddeinosôr o'r byd analog. Mi wnes i ddysgu sgwennu ym mhedwardegau y ganrif ddwetha, ar ddarn o lechan mewn ffrâm bren, a dyma fi'n sgwennu hwn heddiw ar dabled digidol sydd tua'r un maint a siâp â'r llechan honno. O fewn bywyd un dyn, aethon ni o'r llechan i'r iPad. Oni ddylai fod gan ddyn sydd wedi gweld yr holl newid rywbeth call i'w ddweud, rhyw air o brofiad gwerth ei gael? Mi ges wisgo amryw o wahanol hetia dros y blynyddoedd, ond hetia'r canwr a'r cyfarwyddwr oedd bwysica. Hanes cyfnod y canu fydd hwn, er y bydd dyn yr het arall, y cyfarwyddwr, yn siŵr o wthio'i big i mewn.

A gwell dweud, rhag eich digalonni cyn cychwyn, y bu'r llawdriniaeth yn llwyddiannus. Ewch yn gynnar at y doctor!

Awn i fyd y darlun

DYMA DDECHRA'N DACLUS, efo'r 'tro cynta y gwelais i *Salem'*. Yn Llanfairfechan yr oedd hynny, yn nhŷ fy modryb Nel. Chwaer fawr fy mam oedd Nel, yn wniadwraig, ac yn forwyn aeth yn howsgipar i ŵr gweddw. Saer coed oedd Llywelyn Samuel, yn byw mewn tŷ braf a adeiladodd iddo'i hun yn y pentra. Dyn mawr, cryf o gorff a chymeriad oedd Llywelyn. Fo fyddai'n saernïo eirch i'r gymdogaeth. Pan fydda fo a fi yn mynd i fynwenta, yr eirch yn y pridd fydda fo'n eu cofio. Fo adeiladodd y sêt fawr yng Nghapel Horeb, lle'r oedd o'n flaenor. A gerbron y sêt fawr honno, fe briododd fy modryb Nel. Cafodd hithau symud wedyn o ystafell y forwyn i'r gwely priodasol.

Tŷ oedd yn llawn haeddu ei enw oedd Prydwen, gyda gardd lysiau yn y cefn, perllan fechan a gweithdy'r saer wrth ei dalcen, a digon o le yn y llofftydd i gadw fusutors yr haf. I'w croesawu, roedd llen gynfas, streip felen ac oren fel cadair glan môr, yn hongian dros y drws derw i'w warchod rhag gwres yr haul. Yn y cyntedd, deuai ogla da'r cinio o'r gegin, ac mewn troed eliffant, roedd tusw o ymbarelau a ffyn o waith llaw Llywelyn; ffyn efo pennau crynion, ffyn pengam, a ffon â phen milgi main, gyda dwy lygad wydr werdd. Ar fwrdd bychan roedd gong i alw'r Saeson at y bwrdd. Mi fyddwn i yn cael ei daro yn y pnawn, pan ddeuai'r fusutors yn ôl o'r traeth, a chael cario'r hambwrdd teisennau o'r gegin wedyn i'r parlwr. A phob dydd byddwn yn cario bwced sbarion, heibio'r gweithdy a thrwy'r giatia dwbl i'r lôn gefn, i fwydo defaid Cae 'Merica. Mae'r cae hwnnw yn stad o dai heddiw.

Pan ddeuai'r Saeson ar eu gwylia, â'r gwlâu yn brin, yn y tŷ golchi efo'r twba mawr, y doli, a'r mangl y byddai rhai ohonan ni'r teulu yn mynd i glwydo. I wneud lle, byddai'r mangl mawr yn cael ei symud i'r ardd am yr haf, i sefyll yno'n frenin uwchben y riwbob. Tybed, feddylis i, be ddigwyddith os rhowch chi'r riwbob drwy'r mangl? Wel, peidiwch!

Er i mi ddifetha ei fangl, cafodd fy 'chwilfrydedd direidus' faddeuant gan Llywelyn. Gŵr bonheddig a balch oedd o, â rhyw olwg ag urddas Anthony Eden arno. Wedi ennill ei le'n y byd trwy lafur ei ddwylaw, roedd yn un gofalus o'i gelc. Yn ôl fy mam, priododd Nel er mwyn arbed talu cyflog iddi. Anfonodd hi ar gwrs i goleg coginio y Dybliw Ai, Denman College yr Women's Institute, i sicrhau y byddai hi'n dŵad â'r pryda gora bosib at y bwrdd. Magodd fol fel casgen fach ar y moethusion, a bu Nel yn ddiwyd yn 'mestyn ei ddillad, trwy bwytho triongl o frethyn, yn aml o liw gwahanol, yn nhin ei drowsus. Doedd hynny ddim yn ei wneud fymryn yn llai pendefigaidd, a thra byddai Nel yn penlinio o'i flaen i ddatod a thynnu ei sgidiau mawrion, mi fydda fo'n debygol o'i gorchymyn, "Ewch i wneud rhai o'r Denman Dainties i ni, Nel."

Mi fydden ni'n cael te wedyn; platiad o'r *dainties*, a bara menyn fedrach chi weld golau dydd drwyddo. Ar y wal roedd tri llun yn edrych i lawr arnon ni. Y mwyaf o ran maint oedd y darlun ysblennydd *Bubbles*, gan John Everett Millais, o'r hogyn bach eurwallt yn ei siwt felfed werdd, yn chwythu swigod sebon. Prynodd cwmni Pears y darlun i'w ddefnyddio i hysbysebu'r sebon tryloyw hwnnw. Yn llai o faint, ond yn tynnu mwy o sgwrs, roedd darlun *Salem*; hen ddynes yn cyrraedd rhyw gapel bach yn hwyr, neu'n gadael yn gynnar, yng nghwmni'r diafol yn ei siôl, meddai rhai. Fe gaethach chi brint o'r llun trwy anfon pacedi saith pwys o sebon i bencadlys Sunlight Soap. Sylweddolodd Syr Ifan ab Owen Edwards, yn ei dro, fod grym eiconig yn y ddelwedd o Siân Owen yn y capel, ac fe brynodd yntau filoedd o brintiadau oddi wrth William Lever. Roedd y rhain ar werth i aelodau a chefnogwyr yr Urdd am chwe cheiniog yr un, a thrwy'r dosbarthu hwnnw y daeth *Salem* i addurno parwydydd Cymru.

Llun o bapur newydd oedd y drydedd ddelwedd ar y pared, wedi ei osod mewn ffrâm bren gan Llywelyn y saer; ffotograff du a gwyn, o ddim byd ar yr olwg gynta. Ond o dan y llun yn llawysgrifen Llywelyn, wele'r geiriau 'Yr Iesu yn yr Eira', oedd yn swnio fel rheg i mi. Llun a dynnwyd gan ddyn o Tsieina oedd hwn. Gweddïodd ar i Dduw anfon iddo arwydd o'i fodolaeth. Wrth iddo syllu ar yr eira gwyn yn dadmer ar bridd du ei ardd, gwelodd ynddo wyneb Iesu Grist, a bu'n Gristion weddill ei ddyddiau. Rhedodd at ei gamera i ddal y wyrth. A dyna nhw, yn drindod; *Salem* a'i ddiafol ar y chwith, *Yr Iesu yn yr Eira* ar y dde, a *Bubbles* yn y canol, a ninnau'n mân gnoi'r *dainties* wrth fyfyrio arnyn nhw. Yn yr ystafell gefn yr oeddwn i a Mari fy chwaer yn cysgu'r nos, tra oedd y Saeson yn ein gwlâu. Ar gowtsh caled o rawn pigog y byddwn i'n troi a throsi, ac yng ngolau coch y tân, y peth olaf welwn i oedd yr hen ddynes yna eto, yn ei siôl ddiafol.

Mae yna derm am y duedd sydd ynddon ni i weld wynebau, sef Pareidolia. Mae'n rhan o'n natur i chwilio am ein tebyg. Mi welwn ni wynebau ar fotymau, trwynau ceir, ar datws. Mae tuedd yn y duwiol i weld delweddau crefyddol ymhobman; wyneb Mab y Dyn yn y caws ar dost, ceriwbiaid mewn cymylau. Yn oes Victoria ac Edward, peth ffasiynol iawn oedd cuddio moeswersi yn y darluniau, fel *Goleuni'r Byd* gan Holman Hunt, oedd yn wynebu'r drindod yma ar y pared gyferbyn, lle gwelir Iesu Grist â'i Goron Ddrain, yn cario llusern Goleuni, ac yn curo wrth ddrws na ellir ei agor ond oddi mewn. Dyna fi'n dysgu pŵer delwedd, ac yn achos *Salem*, grym yr amwys. Mynd 'ta dŵad mae hi? Ydy hi'n gadwedig neu'n bechadures sy'n cael ei diarddel? Oes yna ddiafol yn ei siôl?

Dyma lun yn llawn straeon; llun oedd yn perthyn i bawb. Pe bawn i wedi defnyddio un o'r lluniau eraill i lunio record amdano, mi fasa fy ngyrfa wedi bod yn dra gwahanol. Go brin y basa record *Bubbles* wedi cael yr un sylw.

Aeth ugain mlynedd a mwy heibio cyn i mi gael unrhyw fwriad i sgwennu caneuon am ddarlun *Salem*. Ond roedd popeth yn fy nghefndir yn fy nghyfeirio at wneud hynny.

Y cyw melyn ola

"MA'R HOGYN BACH 'ma rhy ddel i fyw," meddai rhyw hen fodryb pan ddois i'r byd yma, yn Ysbyty Dewi Sant, Bangor. Do, mi bechodd wrth ddweud y fath beth, ond lleisio hen bryder oedd hi. Roedd llond tŷ o blant gan bawb ers talwm, a thristwch rhy gyffredin oedd rhoi babanod i orwedd yn y fynwent. Roedd fy nhad yn un o naw, a thri ohonyn nhw'n marw'n fabanod. Roedd fy nain, un o Gymry St Helens, yn un o bedwar ar ddeg o blant. Roeddan ni'n genedl ffrwythlon iawn yn ein tlodi. Pe baem ni wrthi i'r fath radda heddiw, mi fasa'r iaith yn saff.

Diwrnod olaf Gorffennaf oedd hi, yn 1944, rhyw ddeufis ar ôl y glanio yn Normandi a'r Ail Ryfel Byd yn rhygnu 'mlaen. Roedd lluoedd Hitler ar chwâl, ac ar ras yn ôl i'r Almaen. Yn aros amdana i yn Bodlondeb, ar Lôn Bangor yn y Felinheli, roedd y blacowt, wya wedi sychu, gaeafau oer y pedwardegau, a phopeth ond cariad yn brin.

Dim ond pum milltir o daith oedd ganddon ni, Mam a fi, o Fangor i 'nghartra cynta. Sut aethon ni? Roedd Nhad yn y fyddin, a doedd neb o'r teulu yn berchen car. Roedd Yncl Tomi o Gaernarfon yn sioffyr i'r Doctor Charles, ac mi fyddai'r meddyg yn rhoi benthyg y car iddo fo os oedd ganddo fo reswm da. Dwi'n lecio meddwl y basa fy nyfodiad i'r byd wedi bod yn rheswm digon da i fi a Mam gael sioffyr i'r Felin, ond mae'n debycach mai hon oedd y daith gyntaf i fi ar y bws.

Mae'n bur debyg hefyd fod Mam wedi dewis fy enw wrth aros amdana i, a bod yr enw ddewisodd hi yn arwydd o'i gobeithion amdana i. Enw prin iawn trwy Gymru gyfan oedd Endaf bryd hynny. Doeddwn i ddim yn hoff o'r enw anghyffredin yma. Llawer gwell gen i pe bawn wedi cael fy medyddio yn Twm, yn Jac, neu'n Wil, yn unsill ddi-lol, ac mi es rhywbryd i gwyno at Mam. Dyma hi'n dŵad â llyfr i mi weld, ac arno'r teitl *Endaf y Gwladgarwr*; drama lwyfan gan R. D. Owen. Ewyrth fy mam oedd R.D., yn deiliwr, a chanddo siop ym Mhenmaenmawr. Gwelir ei enw yno hyd heddiw, yn y teils ar stepan y drws. Mae'n debyg mai yno hefyd y pwythodd R.D. ei ddrama.

Dydy *Endaf y Gwladgarwr* ddim yn glasur o ddrama. Ystrydebol ydy hanes y ddau frawd, un yn Brydeiniwr, a'r llall yn Wladgarwr, ac mae yna sgweier o Sais gwirion. Ond roedd iddi hynodrwydd yn ei dydd. Cafwyd cynulleidfa o fil ym Mhenrhyndeudraeth. Daeth mil a hanner i'w gweld yng Nghinmel. Yn ôl adroddiadau'r wasg, pan lefodd Endaf mai dibwys oedd popeth o'i gymharu â buddugoliaeth gwlad, cododd y dyrfa ar ei thraed yn cymeradwyo. Ac fe gafwyd y croeso mwya posib pan gyhoeddwyd fod 'gwawr Rhyddid yn goleuo bryniau ein hannwyl Walia'. Aeth *Endaf* i bob cornel o Gymru, o Ystalyfera i'r Bala, ac ymhell dramor i drefydd fel Granville, yn nhalaith Efrog Newydd, lle cafodd cynulleidfa o wyth gant fwynhau 'drama gref, gyfoethog a gwladgarol'. Beth sy'n syndod i mi ydy bod drama wladgarol felly wedi cael y fath groeso rhwng 1914 ac 1916 pan oedd Prydain yn ymladd y rhyfel. Er iddi fynd yn angof wrth i fflam annibyniaeth bylu yng Nghymru yn ystod enbydrwydd y Rhyfel Mawr, bu'n gannwyll gobaith i'r genedl am gyfnod.

Ond heb wybod pa ddisgwyliadau ddeuai efo'r enw

newydd sbon yma yr oeddwn i'n dŵad adra i'r Felinheli am y tro cyntaf, lle'r oedd dwy chwaer, Shân yn wyth, a Mari yn bedair oed, yn aros i groesawu'r cyw melyn ola. Dim ond hap a damwain, a throeon gyrfa Nhad, oedd wedi dŵad â ni i fyw ar lannau'r Fenai. Yn y pumdegau cynnar, cyn bod teledu yng nghartrefi'r werin, a chyn bod yna wres canolog, o gwmpas y tân fydden ni'n byw a bod, ddydd a nos, yn gwau sanau, ac yn diddanu ein hunain efo hen straeon y teulu. Roedd stori Dad yn cael ei hel o'r ysgol yn ffefryn. Mam fyddai'n adrodd yr hanes, ohoni hi a'r holl ysgol yn neuadd y Cownti Sgŵl, Pen-y-groes yn 1923, yn gwylio fy nhad, Emlyn Jones, yn sefyll o flaen ei well. Cymro glân oedd y prifathro D. R. O. Prytherch, yn flaenor selog gyda'r Annibynwyr, ond Saesneg oedd pob gair ganddo yn ei ysgol, a disgyblaeth gadarn oedd y nod.

Meddai Mam, yn llais dwfn y prifathro:

"Jones, I hear you're playing with the village band?"

"Yes, Syr."

"Playing in the village band will interfere with your school work. You must choose now. Leave the band or leave the school."

"I won't leave the band, Syr."

A dyma Mam yn codi ei thrwyn, 'mestyn ei braich, a phwyntio'n brifathroaidd chwyrn at y drws.

"Very well, boy, you know what to do."

"Ac mi gododd eich tad ei lyfra a cherddad allan o'r ysgol, am byth, ac ynta'n ddim ond pymthag oed."

Oeddan nhw'n gariadon bryd hynny? Wn i ddim, ond o weld sut y byddai Mam yn pefrio wrth adrodd yr hanes, dwi'n siŵr na fuon nhw ddim yn hir cyn bod yn ddau gariad. Un o'r Groeslon oedd hi, Joanna Owen, merch Robert Owen 'Arwelfa', oedd yn cadw tŷ capel Brynrhos, ac yn hogan ddel iawn; un fechan, fywiog, yr awyr las yn ei llygaid, a düwch y mwyar yn ei gwallt.

Aeth fy nhad ar ei union o'r ysgol i weithio yn chwarel lechi Dorothea. Bob bora cyn codi'r haul, yn un o dri chant a hanner o ddynion, mi fydda fo'n cerdded y chwe milltir o Ben-y-groes i Dal-y-sarn, i ddringo i lawr wedyn, gan medr i waelod y twll enfawr. Lle ofnadwy o beryglus oedd hwn. Mi fuodd Nhad yn gweithio yn chwarel Dorothea am ryw bum mlynedd.

Ar ôl cerdded adra am ei swpar chwaral yn Fron Dirion, County Road, Pen-y-groes, byddai Nhad yn mynd yn ôl wedyn i Dal-y-sarn, i ymarfer yn y cwt band, a dechreuodd wneud enw iddo'i hun yn yr ardal fel 'Emlyn Trombôn'. O fewn dwy flynedd, roedd o a'r band wedi cipio'r ddwy brif wobr yn Eisteddfod Genedlaethol Pwllheli, 1925.

Roedd y bandia pres yn boblogaidd iawn 'radeg honno. Byddai sgowtiaid y rhai mawrion yn teithio'r wlad i chwilio am y chwaraewyr gora, ac fe gafodd fy nhad ei 'sbotio'. Daeth cynnig iddo fynd yn brif drombonydd band Morris Motors yn Rhydychen. Roedd hyn fel transffer i'r Premier League! Wedi iddo deimlo iddo gael cam yng Nghymru, bu'n ddiolchgar i'r Saeson a'i derbyniodd mor barod. Bu'n fandiwr am dros ddegawd, yn teithio ledled Lloegr yn cynnal cyngherddau, ac yntau'n chwarae'r prif unawd fel arfer. Cafodd waith yn clercio i'w gadw'n brysur rhwng cyngherddau. Roedd o'n dal i ganlyn fy mam o bell. Erbyn y tridegau, roedd ganddo fwstásh fel Clark Gable, a gyda'i wallt tonnog, a'r crafát rownd ei wddw, roedd yna dipyn o steil o'i gwmpas. Cafodd fy mam ei henwi ar ôl ei nain, Joanna Lewis, a 'J'ana' fyddai pawb yn ei galw. Bu chwerthin pan ddaeth Emlyn adra efo'i "Hylow Jôw-anna". "Mae o wedi mynd yn ŵr mowr ar y diawl" oedd sylw un gyfnither amdano.

Yn 1935 fe briododd fy rhieni. Drwy haelioni perchennog gwaith Morris Motors, William Morris, y 'Viscount Nuffield', fe gafon nhw fyw mewn tŷ braf yn Rhydychen. Closiodd fy mam at y Cymry yno. Roedd ei daliadau gwleidyddol yn dra gwahanol i rai fy nhad. Ymunodd â Phlaid Cymru a bu'n weithgar dros yr achos, ond y 'Welsh Nash' fyddai Nhad yn eu galw nhw. Degawd o ddiweithdra a thlodi oedd y tridegau, a thensiynau gwleidyddol ac eithafiaeth ar gynnydd. Yn 1936 anfonodd Hitler ei fyddin i diroedd y Rhein a dechreuodd dinasoedd Lloegr baratoi at ryfel, ac at ymosodiadau y Luftwaffe. Dosbarthwyd masgiau nwy. Yn Rhydychen, yn y flwyddyn gythryblus honno fe aned fy chwaer Shân.

Er yr holl ddiweithdra ac efallai oherwydd yr holl bryderon, roedd galw mawr am adloniant, ac fe fuodd band Morris Motors yn brysur iawn yn teithio'r wlad. Ond ym mis Medi 1939 aeth Prydain i ryfel yn erbyn yr Almaen. Daeth llythyr oddi wrth arweinydd y band i ddweud bod y band yn dŵad i ben yn y fan a'r lle, er mwyn i'r gwaith ymroi'n llwyr i gynhyrchu cerbydau i'r fyddin. Yr unig gysur oedd y caniatâd gawson nhw i fynd â'u hofferynnau efo nhw, i ymarfer at ddyddiau gwell i ddod. Mewn byd ansicr, roedd Nhad wedi bod yn stydio'r nos, ac wedi pasio arholiadau yr Institute of Chartered Secretaries. Cafodd gynnig swydd yn Swyddfeydd y Cyngor yng Nghaernarfon.

Ond pan ddaeth y teulu yn ôl i Gymru, ac i fyw i'r Felinheli, galwad i'r fyddin oedd yno yn ei aros. Aeth yn soldiwr i'r Royal Artillery fel un o griw y batri Anti-Aircraft. Taflu goleuni oedd eu gwaith, i ddal awyrennau'r gelyn yn y nos uwchben, ar eu ffordd i ollwng bomiau ar Lerpwl a Manceinion, er mwyn i eraill eu saethu.

Anfonwyd y criw i Lanfairfechan, i warchod y 'Western

Approaches' lle cafon nhw lonydd gan Hitler i dreulio'r rhyfel yn dawel ger y traeth. Un tro, rhoddwyd iâr i'r criw gan drigolion y pentref ond doedd 'run o'r milwyr yn barod i'w lladd. Penderfynwyd ei rhoi hi i Nhad i fynd adra, ac i ffwrdd â fo i'r Felin a'r iâr dan ei fraich. Daeth 'Martha Plu Chwithig' i fyw atom ni, a thalu rhent o wy neu ddau bob dydd. Dwi yma o ganlyniad, felly, i'r ffaith fod fy nhad wedi medru picio adra o'r rhyfel.

Brith gof sydd gen i o fyw yno; cael fy nghodi o'r pram gan fy chwiorydd i weld mochyn mewn twlc, rhyw bobol ddiarth yn dŵad i de – Saeson, perthnasa o St Helens efallai – a Mam wedi gwneud llond plât o gacenni ffansi iddyn nhw. Ar ryw chwiw, gwthiais fy llaw i fyny'r simdda, a phwyso bys, yn ddu o huddygl wedyn, i ganol pob un gacen. Yn waeth na hynny, mi wnes i rywsut daflu carreg, a thorri un o ffenestri Capel Bethania. Roedd Mam yn digwydd bod yn ysgwyd dystar trwy ffenast un o'r llofftydd cefn, ac mi gofia i ei gwaedd. Bu hylabalŵ; hogyn bach Emlyn Jones y codwr canu wedi torri ffenast y capel, ac yn wir i chi, dwi'n cofio'r plisman yn dŵad i'r tŷ i roi pryd o dafod i'r drwgweithredwr, oedd heb eto gyrraedd ei deirblwydd.

Dwi'n sicr yn cofio bod yn y pictiwrs ym Mangor, a chael fy nychryn wrth weld Mici Mows ar y sgrin enfawr, yn rhwyfo canŵ trwy'r hesg, a bu raid i ni fynd oddi yno. A dwi'n cofio hefyd dŵad i'r tŷ yn crio eto, ac yn gweiddi, "Ma Raymond Potts yn deud bo' fi'n hogan." Roedd gen i wallt o fodrwyau euraidd, hir a chyrliog, fel Shirley Temple. Fe'm sodrwyd ar stôl yn y gegin ac fe dorrodd fy nhad fy ngwallt cyrls yn bentwr melyn i'r llawr.

Yn ôl y sôn, ro'n i'n canu cyn 'mod i'n siarad. Roedd gen i ryw ddwsin o garolau a nifer o hwiangerddi ac alawon gwerin ar fy nghof cyn i mi yngan gair. Does dim rhyfeddod yn hynny. Cenwch i'r baban ac fe ganith yn ôl. O'r cychwyn felly, y gerddoriaeth ddaeth gyntaf, ac roedd digon ohoni o 'nghwmpas yn y Felin. Yn ystod y rhyfel roedd adran adloniant y BBC wedi symud o Lundain i Fangor i osgoi'r bomiau. Peth cyffredin oedd gweld Arthur Askey, Tessie O'Shea, Tommy Handley, Vera Lynn a'u tebyg ar strydoedd Bangor. Yn ystod sioe radio Tommy Handley ym mis Hydref 1941, fe glywyd bom yn syrthio ym Maesgeirchen, ac fe laddwyd un o beirianwyr y BBC yno. Erbyn 1943, roeddan nhw'n teimlo'n ddigon saff i fynd yn ôl i Lundain, ond parhaodd Bangor i ddatblygu'n ganolfan adloniant yn y Gymraeg o dan arweiniad Sam Jones. Trwy flynyddoedd llwm y rhyfel, gosodwyd y sylfaen yn gadarn at y dyfodol.

Drws nesa i ni yn Dwylan, roedd y pianydd Mamie Noel Jones yn byw. Hi sydd i'w chlywed yn cyfeilio ar holl recordiau sêr Cymraeg cyntaf y radio, diddanwyr amlwg y cyfnod fel Triawd y Coleg, a Bob Roberts Tai'r Felin. Roedd hi'n gyfeilydd ardderchog, a phob amser yn llawn hwyl, ac o gwmpas y piano y byddai pawb, yn canu. Bu 'Anti Mêms' yn athrawes dda i Shân fy chwaer fawr, oedd ar gychwyn ei gyrfa fel cantores boblogaidd. Yn gynnar iawn yn ei hanes, fe ffafriodd Shân y wisg Gymreig wrth berfformio, ac mi roedd hi'n hynod ddel yn yr het dal, y wasgod felfed ddu, a'r les gwyn.

Bu dathlu mawr pan ddaeth y rhyfel hir yn Ewrop i ben. Mae gen i gof o fynd i'r Co-op i gael parti plant. Richard Hughes, y 'Co Bach', oedd rheolwr y siop. Gruff Parry oedd awdur y cerddi doniol yn iaith y Cofi, am helyntion 'Rhen Fodan a Wil Bach', ond y Co Bach oedd yn dod â nhw yn fyw a doniol i'r gynulleidfa. Roedd ganddo'r gallu i gadw'i wyneb yn sych fel ficar mewn angladd, tra byddai pawb yn rowlio chwerthin wrth iddo fo adrodd yr helyntion:

Neuso fo neud i fi bwiri wedyn
A 'ma fi'n 'nelu dros 'Rabar i neud siŵr,
A be 'sach chi'n feddwl fuo wedyn 'ta?
Neuso fi bwiri 'y nannadd i dŵr!

Daeth llythyr oddi wrth Sam Jones **BBC**, at fy nhad, yn Saesneg, yn gofyn iddo ddŵad i Neuadd y Penrhyn ym Mangor i berfformio 'some of your trombone tricks' ar y rhaglen *Noson Lawen*; darnau 'doniol' fel y 'Joker' a'r 'Firefly'. Roedd Nhad yn chwaraewr medrus iawn, ond yn anffodus, tra oedd yn y fyddin, fe'i hanfonwyd at y deintydd. Yn dilyn dirwasgiad y tridegau, roedd dannedd gwael gan lawer. Galwyd miloedd o ddeintyddion i'r fyddin i dynnu'r dannedd drwg. Gyda'r rhyfel yn dwysáu, a dim amser i bwyso a mesur iechyd pob dant, tynnwyd holl ddannedd fy nhad er nad oedd dim yn bod arnyn nhw. Fel pob milwr arall, rhoddwyd dannedd gosod y fyddin oddi ar y silff iddo.

Mewn mŵg coroni'r Brenin Siôr yr oedd dannedd fy nhad i'w gweld yn gwenu, ar silff y ffenast yn y gegin. Mi fydda fo'n gwneud hwyl o'u hysgwyd nhw o dan y tap, i'w gwlychu'n lân cyn eu gwthio i'w geg. Ond ar ôl colli ei ddannedd roedd o wedi colli ei *embouchure*, y siâp sy'n cynnal pwysedd yr anadl i dynnu sŵn o'r trombôn. Bu gobaith, am gyfnod, y byddai deintydd yng Nghaernarfon yn medru llunio dannedd arbennig i'r trombonydd ond methodd pob ymdrech, a dim ond i godi hwyl y byddai Nhad yn chwarae'r corn wedyn.

Rhywbryd yn ystod gaeaf oer 1946–47, aeth gyrfa fy nhad â ni i dre Pwllheli. Cafodd gynnig gwaith yno, fel athro clercio, cadw cyfrifon, a llaw-fer yn Ysgol Frondeg y dre, sef y 'Secondary Modern'. I un oedd wedi ei hel o'r ysgol yn bymtheg oed, roedd hynny'n dipyn o gamp.

O heli'r felin
i heli'r pwll

MAE PAWB YN bleidiol i'w filltir sgwâr, ond mae'n siŵr bod ambell un wedi blino 'nghlywed i'n hiraethu am Bwllheli. A phobol y dre, sy'n siarad yn blaen, fasa'r cynta i ddweud wrtha i mai rhamant yr alltud sy' gen i. Mae 'na rywfaint o wir yn hynny. Dwi wedi byw'r rhan fwya o f'oes yng Nghaerdydd, ond wnes i ddim llwyddo i adael Pwllheli yn llwyr. Os bydda i'n effro'r nos, mi a' i i gerdded strydoedd yr hen dre fel rydw i'n eu cofio nhw.

Mi wela i deulu bach a phopeth sydd ganddyn nhw yn y byd, yn rowlio lawr Allt Fawr i dre Pwllheli heulog, mewn fan ddodrefn ddychmygol. Mae chwech ohonon ni, Nhad a Mam, fy nwy chwaer, Shân a Mari, fi yn dair oed, ac yng nghefn y fan, mewn sach, mae Martha'r iâr. Lawr allt Caernarfon â ni, heibio'r Llew Du, a Siop Jips Meri Jôs Bach. Fasan ni wedi 'rafu wedyn i ryfeddu at deml y Methodistiaid Calfinaidd, Capel Penmownt, yn fawr ac yn felyn wrth droi o Lôn Caernarfon i'r Stryd Fawr. Dyna ni'n gwyro wedyn i lawr Stryd Moch, wedi cael cipolwg sydyn ar gapel mawr Salem. Capel rhwyg oedd hwn, godwyd wedi rhyw ffrae deuluol ymhlith y Calfiniaid. Roedd tua phump o gapeli'r Hen Gorff yno, yn fawr ac yn fychan, ac un i'r Saeson. Roedd yno hefyd y 'defaid eraill', y Bedyddwyr a'r Annibynwyr, y Wesleaid, a'r Catholigion. Ond doedd pawb ddim wedi eu hachub. Fasa Mam, oedd wedi cymryd y llw dirwest, wedi gresynu fod yno efallai fwy o dafarnau nag o gapeli.

Mae enwau rhai o'r strydoedd yn cofio'r adeg pan oedd y môr wrth y drws. Mae yno Lôn Dywod heb ddim tywod ar ei chyfyl, a Chapel y Traeth ymhell o'r môr. Fe giliodd o'r dre ganrifoedd yn ôl, ond mae'r gwylanod yn dal i gwyno ar y toeau, fel pe baen nhw'n chwilio amdano fo. Efallai ein bod ni wedi troi lawr Stryd Penlan, heibio'r hen Down Hôl, ysbrydolodd 'Swllt a Naw', a'r 'nefoedd wen' yn ei seddi cefn. Wedi pasio'r tŷ lle ganed Cynan, dyna Lôn Llygod ar y dde, gafodd ei henwi ar ôl y llygod mawr ddeuai oddi ar y llongau pan oedd yna gei yno. 'Mlaen â ni ar hyd y cob hir sy'n dal y marian yn sownd i'r dre. Ar y chwith mae'r harbwr mawr, yn fôr o fwd drewllyd ar y trai.

Yn ei bri, roedd y dre yn ganolfan adeiladu llongau, ond erbyn y pumdegau, dim ond ambell long ddeuai o'r gweithdy. A dim ond hen ddant o graig yng ngheg y bae ydy gweddillion chwarel Carreg yr Imbyll bellach. Ym more oes, roedd yn dalp sylweddol o ithfaen yn codi'n ynys o'r môr. Yn ei chysgod y tyfodd y rhimyn hir o farian sy'n ymestyn yn bum milltir o draeth i Garreg y Defaid. O'r chwarel aeth ei meini i adeiladu'r dre, a'i phalmentydd, yr harbwr mawr, a breuddwydion y gwerthwr peis o Gaerdydd, Solomon Andrews, i godi ail Landudno yma gyda'i gyfoeth. Y mwd a'n cadwodd ni. Fe dagodd yr harbwr. Prinhau wnaeth yr ymwelwyr. Ond roedd 'na deimlad fod dyddiau gwell yn dyfod, gyda'r Ail Ryfel Byd wedi ei hennill, a llywodraeth Lafur Clement Attlee yn codi'r wlad yn ôl, ac yn addo rhoi i bawb fendithion y Wladwriaeth Les.

A haf gobaith oedd hi arnon ni, yn 1947, yn cyrraedd ein tŷ newydd ar stad gyngor Bron y De, dafliad carreg neu ddwy o donnau'r môr. Er, mae'n siŵr y bu rhywfaint o dristwch, pan gafwyd Martha'r iâr yn gelain yn y sach. Yn y dyddia hynny pan oedd prinder o bopeth, mae'n bur debyg mai i'r popty yr aeth hi.

Roeddan ni'n ymuno â chriw o bobol ddŵad, pawb yn landio 'run pryd; teuluoedd ifanc, y plant yn gwirioni, y gwragedd yn mynd o stepan i stepan i rannu jwg o lefrith a sgwrs, a'r dynion yn palu'r gerddi. Mi sigodd Nhad ei gefn wrth gario gwymon o'r traeth i droi'r tywod yn bridd, a thrwy lusgo cerrig mawr o'r chwarel i greu bordor bach i Mam. Roedd hi wrth ei bodd yn y tŷ newydd, oedd â'i wyneb at yr haul a thonnau'r heli. Roeddan ni'r plant yn cael rhyddid i redeg o'r tŷ i'r traeth yn ein dillad nofio, ac yn yr oes ddiniwed honno, doedd neb yn poeni nac yn disgwyl ein gweld cyn bod eisiau bwyd arnon ni. Mi ges i'r plentyndod hapusa yno.

Yn y mis Medi cyntaf hwnnw, yn dair oed, cychwynnais fy addysg yn ysgol fach Troed yr Allt. Yn fuan wedi hynny, aeth fy mam yn ôl i'w gwaith fel athrawes, i ymuno â Nhad yn Ysgol Frondeg y dre. Roedd Shân erbyn hyn yn yr Ysgol Ramadeg, a Mari, fy chwaer saith oed, oedd yn mynd â fi i'r ysgol fach. Roedd yna filltir helaeth o'r tŷ i'r ysgol, ar draws y Cob, yn aml dan lach tywydd garw, 'a'r môr â'i fryd ar ddwyn Pwllheli'. Roeddan ni'n mân ffraeo ar y ffordd weithia, fi'n swnian i gael troi'n ôl a mynd am adra, a Mari'n fy llusgo 'mlaen i'r ysgol, ond yn siriol bob amser. Mae'n siŵr y byddai hynny'n cael ei ystyried yn ormod o gyfrifoldeb i ferch saith oed heddiw. Ond er bod tlodi a phrinder ar bob tu, roedd bywyd yn fwynach yn yr oes garedig honno; doedd neb yn gweld peryglon.

Yn yr ysgol, fe ddechreuodd y gwaith o'n troi ni'n siaradwyr Saesneg. Doedd gen i 'run gair o Saesneg cyn dŵad i Bwllheli, a dwi'n cofio'r rhwystredigaeth wrth fethu cyfathrebu efo rhyw hogyn bach di-Gymraeg. Roedd beic tair olwyn chwim gan Douglas, ac mi fyddwn i'n gorfod rhedeg ar ei ôl yn galw'n groch, "Gwits mi, Dyglas!" a Douglas yn mynd fel y gwynt, yn chwerthin ar fy mhen. Ond buan iawn y dois yn rhugl a doedd dim taw arna i wedyn. Roedd digonedd o Saesneg yn ein hiaith bob dydd hefyd, ond heb i mi sylweddoli hynny. Geiriau Cymraeg i mi oedd letrig, seibord, wardrob, sgyrtin, pwlofar, y reringcybyd, y weiarles a'r hetar smwddio. Ond cyn pen dim roeddwn i'n ddarllenwr brwd yn y ddwy iaith. Ar y mat rhacs o flaen tanllwyth, â 'mhen mewn rhyw lyfr yr hoffwn i fod. Wedi'r holl ddarllen, roeddwn i'n orwybodus a pharablus, gydag ateb rhy barod i bob cwestiwn.

Penderfynodd yr ysgol fy symud i ddosbarth flwyddyn yn uwch. Bu llawenhau a llongyfarch, ond mewn gwirionedd, mi ges gam. Bu raid ffarwelio â ffrindia, a cholli blwyddyn bwysig o rifyddeg, a chael fy hun yn gorfod ffug-adrodd y tablau lluosogi wedyn. Dwi'n dal yn gymharol anrhifog. Ro'n i hefyd yn iau na phawb ac yn methu cystadlu ar y meysydd chwarae. Pan fyddai'r cotia gôl yn cael eu gosod i lawr am gêm ffwtbol, a'r ddau 'gapten' yn dewis eu tîm, doedd dim lot o alw am fy sgilia pêl-droed, er 'mod i wedi sgwennu Di Stefano a Stanley Matthews ar y bŵts.

Gwell gen i oedd mynd i grwydro. Peionïars y gorllewin gwyllt oeddan ni, yn setlo ar y tir newydd yma, tir enillwyd o donnau'r môr, ac yn fy nghap Defi Crocet, fi oedd y 'King of the Wild Frontier', yn rhodio'r terfyna ar fy ngheffyl anweledig. Fy nghyrchfan yn aml fyddai Carreg yr Imbyll a saif fel toblerôn o ithfaen ym mhen draw'r traeth. Mae 'na gadair naturiol ar ei phig. Mi fyddwn i'n ista yn fanno, ar fogal olwyn fawr fy myd; Ceredigion bell, Meirionnydd, Eryri a Phenrhyn Llŷn yn troi'n gylch o 'nghwmpas. Weithia, hwn oedd y Matterhorn, a fi oedd yr hogyn cyntaf i'w ddringo, a weithia fi oedd Rhys, ar frig Pumlumon yn gweld Luned Bengoch yn troedio trwy wersyll Glyn Dŵr, a'r haul ar ei gwallt yn dân. Roedd dychymyg yn gwmni da.

Dysgais fwynhau bod ar ben fy hun heb deimlo'n unig, yn hapus wyllt yn yr eangderau. Ond dacw gwmwl o stêm yn codi o'r stesion, a chri'r corn yn atseinio, i f'atgoffa fod yna fyd mawr yr ochr draw i'r Garn. Pobol diwedd y lein oeddan ni. Pobol pen draw byd.

Pan o'n i tua wyth, benthyciodd Nhad arian i brynu tŷ. Tŷ ar ei ben ei hun oedd hwnnw, yn ddim ond rhyw hwb, cam a naid i ffwrdd o'n tŷ cyngor, lle'r oeddan ni'n rhentu, ond yn gam mawr ymlaen yn ein hanes. Roedd Tegfan ar Ffordd Mela ym Marian y De, neu'r 'Sowth Beach' fel roedd o'n dal i fod i bawb. Mae enwau'r strydoedd yno yn adrodd hanes prysurdeb sydyn y bedwaredd ganrif ar bymtheg, ddaeth â'r Saeson yn ei sgil. Rhed Churton Street o Churton House, heibio lôn fach Edward Street, a chyfarfod Potts Street. Dynion busnes o Loegr oedd y rhain, fanteisiodd ar ein diniweidrwydd i brynu'r marian a'i wneud yn flêr efo'u terasau mawrion. Roedd dylanwad y mewnlifiad ddaeth i'r dre yn oes fer ei gogoniant i'w weld yn y cyfenwau. Yn yr ysgol roedd yna ail neu drydedd genhedlaeth ohonyn nhw, yn Boulter a Barnes, Ravenhill a Redfern, Gotham a Green, Lee a Cholmondeley a mwy, a'r rhan fwya ohonyn nhw'n Gymry Cymraeg, ac yn fwy o bobol y dre na ni'r bobol ddŵad.

Yn ara bach dois i ddallt bod yna wleidyddiaeth, a bod yna drefn, a'n bod ni'r Cymry rhywsut yn atodiad bychan, anghyfleus, mae'n siŵr, i 'fawredd' Teyrnas Prydain. Yn 1953 aethon ni i gyd i'r Recreation Ground i ddathlu coroni'r Frenhines Elizabeth; rhedais ras yr wy ar lwy, ac wedi fy rhwymo, rhedais y ras deircoes. Doedd ganddon ni ddim prifddinas hyd nes oeddwn i'n un ar ddeg, yn 1955. Cynhaliwyd etholiad cyffredinol yn yr un flwyddyn, ac mi steddais i lawr efo'r papur newydd a phensal i gyfri'r pleidleisiau dros Blaid Cymru, a methu dallt pam mai dim ond pedwar deg pump o filoedd o Gymry oedd wedi pleidleisio o blaid annibyniaeth. Fy mam oedd un o'r rheiny, ond "rhen betha Welsh Nash' oeddan nhw'n dal i fod i Nhad, a'r 'Welsh Nash' oeddan nhw i'r rhan fwya o'i genhedlaeth o hefyd.

Yn 1957 mi fyddai Macmillan yn dweud wrthon ni, "You've never had it so good", ond ar ôl y rhyfel, ar ddechrau'r pumdegau, roedd yna dlodi. Roedd popeth yn brin. I brynu nwyddau a bwydydd o bob math roedd rhaid cael cwpon 'y rashwns'. Roedd rashwns ar siwgr tan 1953. Mi gofia i gael ceiniog i fynd i'r ysgol, ac mi fyddwn i'n mynd i Siop Mrs Jones ym Mhentra-poeth, i brynu ciwb o Oxo am ddima. Roedd ei flas sur wrth ei gnoi yn crychu 'nhrwyn, ond roedd o wedi ei lapio mewn papur sgleiniog fel y petha da prin rheiny, a doedd dim rhaid cael cwpon rashwns i'w brynu.

Roedd y Wyrcws yn dal ar agor yn y dre. Un o'i selogion oedd 'Bob Wyrcws', fyddai'n ein cyfarch yn aml. A byddai Robaits 'Stwmps', er yn drwsiadus, yn chwilio'r pafin am stwmps sigaréts i roi yn ei getyn. Ac o dro i dro, mi redwn i'r tŷ yn gweiddi, "Ma John Preis y tramp yn dŵad!" A dyna John Preis yn ei gôt fawr, yn trampio yn chwim at y drws cefn, i ofyn am grystyn, neu banad o de. Mi fyddai Mam yn fy anfon efo'r banad iddo fo, a fynta'n ista yn yr ardd gefn, ac yn tynnu stumia arna i wrth chwythu ar y te, ac yn helpu'i hun wedyn i'r cwsberis, a llenwi pocad ei gôt fawr cyn mynd ar ei ffordd.

Roedd cenhedlaeth fy rhieni yn ddarbodus wrth reddf.

Cadw a thrwsio oedd y nod bob amser. Rhedai silff uchel o amgylch y gegin, ac arni laweroedd o hen sgidiau o bob maint a llun. Un tro daeth ffrind i'r tŷ a holi fy mam oeddan ni'n gwerthu sgidia. Bob bora Dolig mi fyddai Mam yn rhoi bag llinyn i mi o roddion syml, rhyw ddau afal, tri thanjarîn a llond llaw o gnau. "Dos â rhein, 'ngwas i, i Mrs Williams Muria, a dymuna Nadolig Llawen i'r hen graduras." Ac mi fyddwn i'n mynd, a hitha'n brigo'n oer, lawr y cefna i Edward Street, a bwthyn Mrs Wilias, ac yno'n cael croeso dagreuol, a chael mwytho Carlo'r picinî drewllyd, cyn mynd adra i agor fy mhresanta.

Roedd y rhan fwya o'n bwyd yn dŵad o'r Coparet. Bob bora Llun, fi fyddai'n cael y cyfrifoldeb o fynd â'r negas ar bapur i'r siop. Mi fydden ni'n gorffen sbarion y cinio Sul yn y lobsgows i swpar nos Lun, ac mi fyddai silffoedd y pantri'n wag erbyn dydd Mawrth. Yn hwyr y prynhawn, a ninnau'n ista 'gylch y bwrdd swpar yn aros, byddai 'Wilias Coparet' i'w glywed yn chwibanu a chrensian y graean at y drws cefn, yn cario bocs o fwyd. Mi fyddwn i'n turio ynddo fo am y Swiss Roll Scribona.

Daeth y Festival of Britain yn 1951, i ddathlu gwawrio'r Oes Dechnolegol Newydd, ac arloesedd Prydain Fawr. Gwawriodd yr oes ffiwtsiyristig honno yn tŷ ni pan gawson ni'r Baby Burco. Twb oedd hwn efo rhyw fath o deciall trydan ynddo fo. Roedd o'n berwi'r golchi. Mi fydden ni'n hel o'i gwmpas yn y gegin, ac yn rhyfeddu wrth ei weld yn ffrwtian yn herciog. Roeddan ni'n saff ar ein ffordd i'r Iwtopia dechnolegol newydd.

Pe bai rhywun wedi gofyn i ni fasan ni'n fodlon rhoi'r byd, yn llythrennol, am y pethau newydd yma, dwi'n lecio meddwl y basan ni wedi dweud 'na', achos, er mewn anwybodaeth, dyna'n union wnaethon ni. Mi roeson ni'r byd rhyfeddol hwnnw am gyfleusterau rhad a theganau plastig. Mewn byd sy' rŵan yn domen sbwriel ac ar dân, mae 'ngobeithion i yn ein pobol ifanc. Byddwch yn gallach na ni.

Dirgelwch y twll du

ROEDD TEGFAN YN dŷ tri llawr, tair ystafell wely ar yr ail lawr, ac un arall yn y to. Stafell 'Y Ratig' oedd hon, lle'r oedd cwpwrdd dan y bondo, 'Y Twll Du', â drws bychan i fynd iddo. Roedd yn llawn o'r pethau heb bwrpas mwyach, y pethau oedd wedi torri, a'r pethau oedd wedi eu hanghofio. Ynghrog ar weddillion ffrâm gwely, roedd silffoedd pren yn sigo dan bwysa hen lyfrau; rhifynna o'r *Cymru Coch*; *Y Gwyddoniadur*; set gyfan o'r *Popular Educator*; esboniadau a chofiannau gweinidogion Methodistaidd; casgliada fy nhad o'r *Picturegoer* a'r *British Bandsman*.

Y *Popular Educator* oedd fy ffefryn. Yn hwn roedd pob gwybodaeth roedd ar unrhyw un ei hangen yn nyddiau'r Ymerodraeth Brydeinig, gyda sgythriada manwl du a gwyn o bob dim dan haul, o demlau Burma i ddarganfyddiadau Pompeii; cymhlethdodau'r ymysgaroedd; hanes y Panama Canal a rhyfeddodau'r cosmos. Bues i'n pori ynddyn nhw am oriau lawer yng ngola'r gannwyll, yn llenwi 'mhen efo gwybodaeth ddi-fudd.

Roedd yno focs o luniau'r teulu, a nifer o gyfnod Mam yn y Coleg Normal. Yn un ohonyn nhw, mae hi'n gwisgo côt ledr a helm gyrrwr, ac yn ista ar foto-beic. Dwi'n cofio rhythu arno mewn anghredinedd. Mae nifer o'r lluniau yn nodi ei bod hi a'i ffrindia yn perthyn i gwmni drama'r coleg, y 'Bangor Normal College Dramatics'. Mae poteli gwin a gwydrau ganddyn nhw, a dillad y *roaring twenties*. Tybed ydyn nhw'n portreadu cymeriadau mewn drama?

29

I rannu'r bocs gyda'r cwmni hwyliog hwn, daw lluniau Emlyn Jones, y bandiwr llwyddiannus, actoraidd yr olwg, â'i fwstásh Clark Gable, a'r crafát; y 'gŵr mowr ar y diawl'.

O dan domen o hen gyrtans a'r trimins Dolig, roedd gramoffon a phentwr o hen recordiau 78 rpm. Roedd sbring y trofwrdd wedi torri, ond roedd posib ei droi efo bys, a'r grefft oedd gwthio'r troiada yn gyson, er mwyn cadw popeth mewn tiwn. Ymhlith fy hoff recordiau roedd *The Desert Song*, Benny Goodman; *Stompin' at the Savoy*, a hoff chwaraewr fy nhad, y trombonydd Tommy Dorsey, *The Sentimental Gentleman of Swing*. Ar ddechrau ei yrfa, roedd Frank Sinatra yn ganwr i fand Tommy, a'r gamp iddo fo oedd efelychu'r trombonydd. Byddai Dorsey yn cuddio'i anadlu i lunio brawddegau hirion perffaith. Yn ôl y sôn, mi fyddai Sinatra yn ista ar waelod pwll nofio a dal ei wynt i gryfhau ei ysgyfaint.

Tôn felodaidd, felys Tommy Dorsey oedd gan Nhad. Mi gofia i syrthio i gysgu yn sain hwiangerddi trombôn Nhad, yn chwarae yn dawel lawr grisia. Roedd y trombôn arian yn byw yn y 'Ratig' hefyd. Roedd ogla arbennig arno fo, hen boer, olew a chwyr yn ogystal â rhyw sent peraidd. Bob Nadolig byddai Nhad yn prynu pot o Pond's Vanishing Cream i fy mam, ar y ddealltwriaeth ei fod yn cael ei fenthyg, i iro sleid ei drombôn.

Y record ora yn y Twll Du gen i oedd y *Kashmiri Love Song*, a John McCormack yn canu'n grynedig wrth i mi droi'r trofwrdd efo fy mys:

Pale Hands I loved beside the Shalimar...
... pink tipped, like Lotus buds that float...

(Cân od o sinistr oedd hon; y canwr yn gofyn i'w gariad

ei grogi gyda'i dwylaw heirdd yn hytrach na gadael iddo fyw hebddi. Does dim gwell perfformiad ohoni na'r un gan Stuart Burrows.)

Roedd yn y Twll Du danc dŵr hefyd. Yn gaead ar y tanc, roedd 'na sgwâr llychlyd o bren, a ffrâm aur o'i gwmpas. Darlun, â'i ben i lawr. Dyma fi'n codi'r caead, a gweld wyneb gwraig ifanc yn dŵad i'r golwg, mewn dillad hen ffasiwn, a'i bocha'n gochion, a chysgod gwên ar ei gwefus. Mae hi'n sbio'n ôl arna i, a'i gwên yn dawnsio yng nghryndod gola'r gannwyll oddi ar wyneb y dŵr, wrth i fi ollwng y caead i lawr yn ei ôl, yn ara bach.

"Pwy ydy'r ddynas yn 'Twll Du, Mam?"

"Rhyw hen fodryb, 'ngwas i. Gollodd hi ei gŵr ar y môr. Captan llong o'dd o. 'Nath o foddi."

Wnes i ddim gofyn pam ei bod hi, Modryb y Tanc Dŵr, yn y to, â'i hwyneb i lawr at y düwch, ond mi fyddwn i'n meddwl amdani, yn chwilio'r dyfroedd am ei gŵr. A sut ddaru fo foddi? Tybed ddown i rhyw ddiwrnod i fedru ateb y dirgelion yma?

Capel Penmownt

Dwi'N DAL I ddarllen y Beibl bach ges i am basio'r Arholiad Sirol yn y pumdegau, nid yn ddefosiynol, ond o ddewis, bob rhyw hyn a hyn, a chyda mwynhad. Dyma iaith hardd fy nghapel, lle dysgais fy adnodau at bob bora Sul. Dyma'r Beibl y clywn fy nain, hanner dall, yn ei adrodd ar ei chof o'i gwely yn nhywyllwch yr oria mân, yn Moneilian, Caernarfon.

Morgan Griffith oedd ein gweinidog; dyn mawr, cyhyrog fyddai'n nofio yn y môr bob dydd o'r flwyddyn, hyd at ei saithdegau; paffiwr pan oedd o'n gaplan yn y fyddin. Un arall o Ben-y-groes oedd o, ac mi fyddai'n cael croeso mawr pan fydda fo'n galw acw. Fel popeth arall 'radeg honno, roedd y sgwrsio yn hamddenol, a neb ofn ysbeidia o ddistawrwydd. Mi fydden ni'n ista yno'n dawel yn gwylio'r tân, tra byddai Morgan yn llenwi a thanio ei bibell cyn agor sgwrs. Roedd Shân fy chwaer yn meddwl y byd ohono fo. Mae hi wedi sgwennu, yn cofio fel y bydda fo weithia yn dringo i'r pulpud i bregethu, yn agor y Beibl efo dwylo mawr y bocsiwr, yn troi'r tudalenna, ac wedi saib, yn dweud, "Ddaw hi ddim bora 'ma", a chau'r Beibl mawr yn glep.

Roeddwn i wrth fy modd yn y capel, a dwi heddiw yn ddiolchgar i'r sefydliad am roi i mi fy iaith a rhywfaint o ddysgeidiaeth, ond trwm iawn ar blentyn oedd athrawiaeth yr Hen Gorff pan oeddwn i'n tyfu i fyny yn y pumdegau. Creadigaeth y Parchedig John Parry o Landwrog oedd

'Rhodd Mam', yr holwyddor, i blant y Methodistiaid. Roedd rhaid ei darllen a'i dysgu, ac mi gofia i'n iawn fy mam yn fy holi. Dyma'r cwestiwn na fedra i ddim ei anghofio:

"Pa sawl math o blant sydd?"

"Dau fath, rhai da a rhai drwg."

Doedd dim sôn yn 'Rhodd Mam' am blant anhapus, ac yn wir, roedd rhaid dysgu fod plant drwg yn mynd i Uffern os bydden nhw'n marw. Mi wnes fy ngorau i fod yn un o'r rhai da, yn ymwybodol o'r presenoldeb anweledig, hollweledol, oedd yn ein gwylio'n gyson, ac yn teimlo'n anghysurus a chaeth, fel pry mewn pot jam. A thrwm arna i oedd yr holl sôn am bechod:

"Pwy bechodd gynta?"

"Adda ac Efa."

"Pwy bechodd wedyn?"

"Pawb."

Ond er gwaetha fy amheuon, arhosais ar lwybr cul y Calfiniaid. Nid bod yna ddewis bryd hynny. Cymaint oedd grym yr enwad yn y pumdegau, ar ddiwrnod Sasiwn y Plant, fe fydden ni, egin mân Methodistiaid Llŷn ac Eifionydd, yn chwifio ein baneri a martsio yn ein cannoedd ar ôl y band, i feddiannu strydoedd tref Pwllheli. Ar ddiwrnod hafaidd felly, hawdd oedd mynd gyda'r lli.

Ond o ddydd i ddydd, rhigol o ddyletswydd a rheol oedd Calfiniaeth. Roedd y Sul traddodiadol Cymreig yn gysegredig. Doedd dim cicio pêl na chadw sŵn ar y Sul. Roeddan ni'n mynd i'r capel deirgwaith y Sul; yn ein dillad dydd Sul; i wasanaeth y bora Sul gyda Nhad, tra byddai Mam yn paratoi'r cinio dydd Sul. Byddai fy chwiorydd yn mynd â fi i'r ysgol Sul yn y prynhawn, ac mi fydden ni i gyd yn mynd i wasanaeth yr hwyr. Roedd yna Seiat ar nos Iau, a Chyfarfod Gweddi nos Wener. Ar

33

nos Fawrth, mi fydden ni'n mynd i'r Bandohôp, lle byddai Mrs Cadwaladr yn sefyll wrth y Modiwletor (tabl o'r 'do re mi ffa so la ti do', a phob hanner gradd oedd rhyngddyn nhw). Y gamp oedd canu pa bynnag nodyn yr oedd ffon Mrs Cadwaladr yn pwyntio ato, ar hap. Un fechan, gron oedd hi, yn symud ei ffon yn chwim, fel pig y deryn du, a dim ond y darllenwyr gorau oedd yn medru dilyn. Os daw alaw i 'mhen yn ddirybudd o rywle, dwi'n dal i alw ar fy sol-ffa fel ffordd gyfleus o'i gosod ar bapur.

Ond roedd hud arbenning i'r Hen Nodiant hefyd, a chlosio at fy nhad fyddwn i ar fora Sul, i gael dilyn a darllen yr Hen Nodiant yn ei lyfr, a chanu tenor i'w fariton, ac amrywio gyda fy harmonïau greddfol. Oes gwell emyn-dôn na 'Sanctus', a'i 'Glân geriwbiaid'? Mi fyddai'r gynulleidfa'n morio'r 'Sanctaidd, Sanctaidd, sanctaidd Iôr' efo gorfoledd, a finna'n gobeithio y byddai'r codwr canu yn ei tharo hi eto.

Dylanwad arall pwysig o Gapel Penmownt oedd yr organ fawr yno. Mi fyddai'r organydd, Mr Wynne-Williams, yn dewis darnau mentrus i'w chwarae cyn yr oedfa. Ganddo fo y clywais am y tro cyntaf waith cyfansoddwyr yr ugeinfed ganrif fel Messiaen a Hindemith. Mi fyddai ambell un yn y sêt fawr yn codi aeliau wrth glywed y darnau modernaidd, ond mi fyddwn i wrth fy modd. Roeddan ni yn y sêt flaen, a byddai'r coed ynddi yn crynu efo nodau dyfnion y bas.

O'n i'n teimlo'r angerdd ysbrydol yn y gerddoriaeth, ac yn gweld mawredd yn yr emynau a'r adnodau, ond ches i erioed unrhyw brofiad crefyddol o'r holl oriau o gapel. Wrth wrando ar bawb yn proffesu ffydd, a rhyw brofiad personol o Dduw, yn 'ti a thitha' efo Iesu Grist yn eu gweddïau, roeddwn i mewn rhyw ddryswch ac euogrwydd. Pam nad o'n i ddim wedi cael 'y Ffydd' yma?

CSF 737

ROEDDAN NI'N BYW mewn byd heb deledu, a heb gyfrifiaduron, ond roedd digon i'n cadw'n brysur. Roedd fy mam wedi cychwyn Aelwyd yr Urdd yn y dref. Mi fyddai gen i bractis côr ar ôl ysgol, a gwers ffidil ar ddiwrnod arall, ac ymarfer y gerddorfa wedi'r ysgol ar ddydd Gwener. Cyfnod y nosweithia llawen oedd hwn, ac mi fydden ni'n mynd fel teulu i gynnal ambell noson at achosion da. *Ensemble* od oedd hon, fy mam yn canu, Shân yn canu, a chanu'r delyn, fy nhad ar ei drombôn, finna'n canu ac yn chwarae'r ffidil, a Mari'n hapusach yn curo'i dwylo'n frwd yn y gynulleidfa. Mi fydden ni'n rhannu llwyfan gyda sêr yr ardal: Ioan Mai Evans o Lithfaen yn chwarae'r lli; dawnswyr clocsia, dynwaredwyr a thafleiswyr, ac mi gofia i'n glir iawn, Elwyn Jones y bariton o Lanaelhaearn yng Nghapel Nant, Nanhoron. Roedd yn gawr o ddyn i mi, yn dringo'n gloff i'r pulpud. Mi fyddai ei ganu melfedaidd yn adleisio'n fy mhen wrth i ni hel am adra yn hwyr y nos, a'r lleuad llawn yn ein dilyn trwy goed duon Nanhoron:

Mae carcharorion angau
Yn dianc o'u cadwynau
A'r ffordd yn olau dros y bryn
O ddyfnder Glyn Gofidiau.

Mi fyddai Ysgol Frondeg yn cynnal perfformiad theatrig bob blwyddyn yn Neuadd y Dre. Yr athrawes gerdd, Nansi Mai Evans, oedd yn cyfansoddi a chynhyrchu.

Ar ddechrau'r pumdegau cafwyd perfformiad gwych o chwedl y Pibydd Brith o Hamelin ar lwyfan Neuadd y Dre. Roedd cast *Llygod Llanllawen* yn niferus iawn, ac yn cynnwys haid o 'lygod mawr' yn rhedeg hyd y lle yn wyllt. Bythgofiadwy.

Cychwynnodd Huw Roberts Gwmni Drama Glan y Môr, Pwllheli. Mentrodd fy nhad ymuno. Roedd ganddo lais dwfn bendigedig, a phresenoldeb grymus ar lwyfan. Rhoddwyd iddo'r brif ran. Y fo oedd Llywelyn Fawr yn nrama Thomas Parry. Fedra i ei glywed o rŵan, yn soniarus, ei lais yn llenwi Neuadd y Dre gyda dirmyg y Tywysog, "Ewch at eich twmpath chwarae, ac at eich medd!" Wedi'r cychwyn tywysogaidd yma i'w yrfa, roedd wedi gobeithio cael gwaith gan y BBC. Ond doedd dim croeso yno heb gerdyn undeb yr actorion, Equity. Cafodd ran fechan ar y radio, fel un o'r chwarelwyr mewn addasiad o *Chwalfa*, T. Rowland Hughes. Roeddan ni o gwmpas y radio yn gwrando pan ddaeth ei un llinell fythgofiadwy, "Daliwch raff!"

Prynodd Nhad y car cynta yn y pumdegau; hen Standard 8, CSF 'Car Shân Fach' Sefn Thri Sefn, â rhyw gast arno fo i neidio allan o'i gêr. Byddai Nhad yn gorfod dreifio ag un law ar yr olwyn a'r llall yn cydio'n dynn ar y polyn gêr, a phawb yn gweiddi pan ddeuai sŵn grinjan dychrynllyd o'r gêr-bocs, wrth iddo fo stryffaglio i'w wthio yn ôl i'w gêr. Gyrrwr gwael oedd o, wedi ei ddysgu ar lorri'r fyddin, rhyw un pnawn ym Mhrestatyn. Byddai ambell yrrwr arall yn canu'r corn a chwifio braich tuag ato.

"Pwy o'dd hwnna, Dad?"

"O, dwn i'm, ryw foi welson ni mewn rhyw steddfod, ma siŵr."

"Dwy steddfod, ma rhaid."

"Pam dwy?"

"O'dd o'n dangos dau fys, 'toedd?"

Daeth y car bach â newid mawr ar ein byd. Roeddan ni'n medru mynd draw i Gaernarfon ('dre' i Nhad) i ymweld â'i deulu yno. Rhai siriol oeddan nhw, ond trist addfwyn oedd 'Nain Jôs', wedi colli ei gŵr yn ifanc, a phedwar o'i phlant yn gorwedd yn y fynwent. Roedd hi'n byw dros y ffordd i dafarn yr Eagles. Fe ddeuai'r teulu oll i'w gweld ar ddydd Sadwrn, fy nghefndar Emlyn a'i frawd Ifor, oedd yn cadw'r gôl i dîm pêl-droed Bangor, a Nansi addfwyn, fy nghyfnither. Treuliais oriau yno, yn falch o'u cwmni. Wedi iddyn nhw fynd, byddai'r stafell yn tawelu eto i dristwch fy nain. Ar yn wal yn ein gwylio, roedd llunia'r rhai a gollwyd, ei gŵr Huw, a'i mab Ifor yn ddim ond bachgen yn ei lifrai soldiwr. Ddaeth o fyth adra o ffosydd Ffrainc. Yn 1963 fe es i'r fynwent filwrol yn Écoust-Saint-Mein, ger Arras, i dynnu llun o'i fedd i'w roi i'w frawd, fy nhad. Wnaeth fy rhieni, na'r rhan fwya o'u cenhedlaeth, fyth groesi'r Sianel. Yn y pumdegau, dim ond y cefnog oedd yn teithio'r gwledydd. Pan fentrodd fy nain ar y trên i Lundain, i weld ei merch Llinos yno, roedd pawb isio'r hanes wedi iddi ddŵad adra; sut le oedd Llundain?

"Mae o'n neis iawn," medda hi, "ond 'i fod o'n bell o bob man braidd."

Deuai Huw, y mab ieuengaf, draw ar ôl i ddrysau'r Eagles gau ddiwedd pnawn, ac ista wrth y drws, rhag i'w fam ddal yr ogla cwrw arno fo. Athro celf oedd Huw Idris, a dipyn o gymeriad. Roedd o wedi priodi un o genod y dre, Mabel, oedd yn gweini byrdda yn y Lee Ho, y 'Floating Restaurant' oedd wedi angori yn barhaol wrth y cei. Bob bora cyn mynd i'r gwaith roedd hi'n cymryd tabledi Kwells, at salwch môr. Un tro aeth Huw a Mabel ar y motor-beic a seidcar i arwerthiant yn Sir Fôn i brynu cloc. Daethon nhw adra, heb gloc ond wedi prynu pianola, un o'r rheiny oedd yn 'chwarae' ei hun. Am rai wythnosau wedyn, bu'r cymdogion, oedd wedi gweld y piano yn landio, yn hel tu allan i'w tŷ cyngor ym Mhant-glas, yn gwrando ar gonsiertos Rachmaninov a Beethoven, ac yn rhyfeddu sut na wyddai neb fod Huw Idris yn 'consart pianist'.

Fy hoff fodryb oedd chwaer 'fenga Nhad, Llinos. Hi oedd ysgrifenyddes Plaid Cymru yn y dre, yr heddychwraig a briododd soldiwr o Sais o Lundain. Roedd Percy Thompson yn Ffiwsilïar yng Nghaernarfon. Aeth Llinos i fyw efo fo i Lundain a chael swydd ysgrifenyddes yn y Swyddfa Ryfel. Yn ôl yr hanes, dywedodd rhyw farwn wrthi ar ddiwedd y brwydro, oni bai amdani hi, mi fyddai Prydain wedi colli'r rhyfel. Mwy neu lai. Un bywiog oedd Yncl Percy, wedi bod yn Sarjant yn y fyddin yn yr India bell. Pan ddaetha fo i'n tŷ ni, mi fydda fo'n waldio'r piano efo 'Down at the old Bull and Bush' a 'Roll out the Barrel' nes byddai fy mam yn gwingo. Un doniol oedd Percy ac roeddwn i wrth fy modd yn ei gwmni.

Un tro, â'r car yn orlawn, rhyw chwech neu saith ohonon ni wedi ein gwasgu at ein gilydd fel sardîns, fe aethon ni 'am reid' i Ardudwy; 'nhad a mam a fi, ac Anti Llinos, Yncl Percy a Jennifer, fy nghyfnither ddisglair, oedd wedi ei magu yn Gymraes yn Clapham. Wrth ddŵad at Lasynys Fawr, dyma ni'n sgwrsio am Ellis Wynne, yn Gymraeg fel arfer. "What's that, Lin?" meddai Percy. "Oh, you wouldn't know, Pyrsi, Ellis Wynne from Lasynys," atebodd Llinos. "Aw, yea, ole Ellis Wynne," meddai Percy, a phawb yn rowlio chwerthin! Ac 'ole Ellis Wynne' fuodd o i ni fyth wedyn.

Mi fasa Mam wedi dyfynnu hefyd, o *Cartrefi Cymru*, O. M. Edwards, oedd bob amser wrth law, a dweud ein bod ni yng 'Ngwlad Cwsg'. Mae'n siŵr i ni fynd wedyn i Gapel Salem, Cefncymerau, ond os do, mae'n rhaid fod

Meistr Cwsg wedi 'cloi ffenestri fy llygaid'. Mi lithrodd o'r cof, fel llawer o'r llefydd eraill oedd ynghlwm â'r 'Pethe' rhyfedd rheiny yr oedd yn rhaid i ni eu gweld.

Yn nes at adra, roedd gwlad o hud a lledrith Llŷn. Ein hoff beth oedd mynd am reid yn y car bach, i grwydro lonydd culion, troellog y penrhyn. Mi fydden ni'r plant yn y sêt gefn, yn cael yr hawl i weiddi 'chwith' neu 'dde' ar bob croesffordd gan landio'n aml mewn iard ffarm, a Nhad yn tuchan wrth orfod troi rownd. Yn Uwchmynydd, mi fydden ni'n cael ein te yn y grug, neu'r grug yn y te fel byddai Nhad yn siŵr o ddweud. I Lanfihangel Bachellaeth wedyn, y 'lle tawela 'ngwlad Llŷn', a dim ond gwich y giât i dorri ar y distawrwydd, a llais fy mam yn adrodd cerdd Cynan, ar ei hyd.

Rhywbryd ar ein crwydr yn yr haf, a'r cloddiau'n drwm gan fieri a gwyddfid, byddai fy mam yn siŵr o ryfeddu a dweud, "â'r ffordd yn gul gan haf". Wn i ddim ai dyfyniad oedd hynny, neu jest Mam yn bod yn farddonllyd eto. Mi fyddai cwningod yn bowndian o'n blaenau ar hyd y lonydd, cyn i glefyd dychrynllyd y Myxomatosis eu difa. Unwaith y cydiodd hwnnw, byddai'n rhaid stopio'r car yn aml i Nhad fynd i symud cwningen ddall druan i ochr y ffordd.

Un tro, wrth grwydro fel hyn, daethon ni at borth plasty 'oer yw muriau' Madryn, a gweld fod y lle ar werth. Roedd Nhad yn un da am swancio fel gŵr mawr, a dyma fo'n cyfarch y gofalwr a dweud bod ganddon ni ddiddordeb mewn prynu'r plas. Ac i mewn â ni yn pwffian chwerthin. Ond trist oedd gweld y lle yn wag a digysur. Yn y neuadd fawr, roedd drych enfawr, brycheulyd, yn ein dal yn sbecian. Mi gawson ni hanes Patagonia yn fanno gan Mam, yr athrawes: hanes Love Jones-Parry, a'r *Mimosa*, a chroesi'r paith. Ro'n i wedi gwrando'n astud ar addasiad radio o'r *March Coch* ar *Awr y Plant*, ac wedi darllen *Bandit yr Andes* gan Bryn Williams droeon.

Mi fasa Mam wedi bod ar ben ei digon yn gwrando ar Shân yn adrodd ei hanesion o'r Wladfa, ac wedi ei phlesio 'mod inna wedi cael ysbrydoliaeth i sgwennu'r ddwy gân, 'Madryn' a 'Bandit yr Andes', er, mi wn y byddai hi wedi gofyn i mi 'sbriwsio' tipyn ar y geiria. Ar y ffordd adra o uchelfannau Mynytho, mi fyddai Mam yn ddi-ffael yn adrodd englyn R. Williams Parry i'r Neuadd Goffa, wrth i ni basio:

> Adeiladwyd gan dlodi, – nid cerrig
> Ond cariad yw'r meini...

Mi fydda 'na "Hwrê" wedyn wrth i Bwllheli ddŵad i'r golwg islaw, mewn clwt o heulwen fel arfer, a finna'n siŵr o fynnu 'mod i'n medru gweld tŷ ni. Heibio Penrhos â ni am adra, heb wybod mai yno, yn y fynwent, y byddai Mam yn gorwedd mewn dim ond ychydig flynyddoedd.

Pan ddaeth
y Steddfod i'r dre

YN 1955, RO'N i'n cyrraedd fy mhen-blwydd yn un ar ddeg, ddiwrnod olaf Gorffennaf, a chyda mwy o gynnwrf na'r arfer, achos fod yr Eisteddfod Genedlaethol yn dŵad i'r dre. Syrcas Cynan, un o hogia enwoca'r dre, oedd hon. Fo oedd yr Archdderwydd, ac Efe a luniodd Basiant i agor yr Ŵyl. *Y Llyfr Aur* oedd hwn, yn ddetholiad o gyfoeth llenyddol a cherddorol Llŷn ac Eifionydd. Gofynnwyd i mi gymeryd rhan, i ganu 'Mae'r Gwaed a Redodd ar y Groes' gan Robert ap Gwilym Ddu o Lanystumdwy. Dydy hon ddim yn hawdd i'w chanu. Byddai cynulleidfaoedd capel yn cymeryd llwnc o wynt hanner ffordd trwy'r llinell gynta. Peth gwael oedd hynny, medda Mam. Roedd hi am i mi beidio anadlu hyd nes cwblhau'r frawddeg: 'Mae'r gwaed a redodd ar y groes o oes i oes i'w gofio'. Pe bai'r cyfeilydd yn ei tharo hi'n araf, faswn i'n mygu. "Cana fo fel tasat ti'n Frank Sinatra," meddai Nhad.

Roedd Wilbert Lloyd Roberts, y cyfarwyddwr, wedi paratoi llyfr aur ei liw, un i bob perfformiwr i'w ddal o'i flaen, ond ar ben hynny, penderfynwyd y dylwn i gael gwisg euraidd sgleiniog, sandalau aur, a dim byd arall.

"Ffrog ydy hon! Fydda i o flaen dwy fil o bobol mewn ffrog aur a blwmin sandals!"

"Tiwnic ydy hi, siŵr, a mi fyddi di'n ddel iawn. Tria'r pennill eto."

Doeddwn i ddim isio bod yn ddel o gwbl, ond doedd dim dianc. Bu raid i mi sefyll, yn gwisgo dim ond fy nhrôns o dan y 'ffrog' aur, yn y sandala aur o flaen pawb yn y dre, a'r genedl. Roedd dwy fil a mwy yn yr hen bafiliwn yn gwylio, ac fe gochais pan fwythodd Cynan fy ngwallt melyn o flaen pawb. Fedrwn i ddim ond gobeithio basa pawb wedi anghofio erbyn i mi gyrraedd blwyddyn gyntaf yr 'Ysgol Fowr' ym mis Medi.

Codwyd meini'r Orsedd ar y marian, a chafodd Shân, yn ei mantell sgarlad ac aur, y fraint o gyflwyno'r aberthged, 'o flodau'r maes', i'r Archdderwydd Cynan. A dyna hi'n cyhoeddi, "Hybarch Archdderwydd, yn enw Morynion Pwllheli a holl blant y fro, atolwg i ti dderbyn yr Aberthged hon o ŷd a blodau'r maes." Roedd yn foment o theatr, gyda Cynan yn gwasgu pob owns o urddas wrth ateb, "Diolwch, fy merch. Rhad y nef arnat, ac ar holl blant Pwllheli a'r fro."

Roedd Mari wedi cael clwy'r pennau, ac wedi gorfod aros adra, ac mi gofia i weld ei hwyneb chwyddedig, yn gwylio'r seremoni o ffenast llofft Tegfan. Faswn i byth wedi credu y cawn inna'r fraint o gael fy urddo yn un o feirdd yr Orsedd yn Eisteddfod Genedlaethol Meifod, fel 'Endaf o Lŷn'. Bu bron i mi ddewis 'Endaf Lan Môr'. A steddfod lan môr oedd Steddfod Pwllheli; Syr T. H. Parry-Williams a Lady Amy yn ista ar y tywod, a beirdd yr Orsedd yn padlo'n y môr, a hancesi clymog i gadw'r penna moelion rhag llosgi yn yr haul.

Ges i waith yn gwerthu'r *Western Mail* ar y Maes, ond roedd fy nhad yn Ysgrifennydd Cerdd, ac yn sglein o chwys ar hyd y cae efo'i bapura. Cafwyd esiampl o'i wres o'n codi'n sydyn mewn pwyllgor. Doedd dim trefnydd llawn-amser yn y dyddiau hynny, ond dan ofal gwirfoddol, a medrus, Trefnydd yr Ŵyl, Harri Gwynn, roedd Eisteddfod

Pwllheli wedi bod yn rhyfeddol o broffidiol, a thros ddeng mil o bunnoedd o elw yn y coffrau. Roedd cymal yn ei gytundeb yn nodi y byddai'n derbyn cyfran o'r elw. Fel cofia i, cyhoeddwyd mewn pwyllgor y byddai Harri yn derbyn rhyw ddwy fil o bunnoedd neu fwy, oedd yn andros o lot. Fe'i derbyniodd, a chwarae teg iddo fo, am sicrhau llwyddiant y Brifwyl. Cyhoeddwyd wedyn y byddai ysgrifenyddion y gwahanol adrannau, fel fy nhad, yn derbyn rhodd o 'Ffynhonbin Parker Pum Deg Un'. Aeth twymyn Awst yn drech na Nhad, a dyma fo ar ei draed yn chwifio'i bapura,

"Stwffiwch 'ych ffynhonbin!"

Roedd llond tŷ ganddon ni yn Tegfan adeg y Steddfod. Roedd Anti Nel ac Yncl Llywelyn yn aros acw. Un bora cododd Llywelyn yn flin. "Dowch, Nel! 'Dan ni'n mynd adra." A Mam wedyn yn trio pwyso arnyn nhw i aros; pam mynd, yn ffwr-bwt fel hyn? "'Dan ni wedi blino efo'r bwyd cwningan yma," meddai Llywelyn. A ffwrdd â nhw i ddal bws, Anti Nel yn cario'r cês, mae'n siŵr. "Gormod o salad dagodd y ci," meddai Nhad. I fod yn deg, peth ofnadwy oedd y salad Cymreig bryd hynny, y letys yn llipa yng ngwaed y bitrwt, yr wy yn dechra glasu, a blas ych-a-fi y salad crîm ar y cyfan.

Er bod Llywelyn yn codi ofn ar bawb, roedd o'n gymeriad hynod, ac mi fyddwn i'n mwynhau bod efo fo. Ro'n i'n hogyn gafodd ei godi gan ferched y teulu – fy mam, fy chwiorydd, modrybedd di-ri, a dwy nain. Heb unrhyw daid yn fy mywyd, roedd Llywelyn yn ewyrth ac yn daid. Mi fydda fo a fi, yr henwr a'r hogyn bach, yn mynd am dro tua'r mynydd uwch y pentra yn Llanfairfechan, ac os byddai'r tywydd yn ffafriol fe aem cyn belled â Bwlch y Ddeufaen yn y Carneddau, yn sgwrsio am bob dim dan haul, o ddaeareg i ddiwinyddiaeth. Er 'mod i wedi difetha'i fangl, roedd o'n hoff ohona i, ac am fy meithrin yn gyw polymath 'run fath â fo. Mi fydda fo'n fy mhoenydio'n gyson efo'r 'problems'. Os bydd trên yn gadael Llundain am wyth y bora, ar gyflymdra o wyth deg milltir yr awr, ac un arall yn dŵad o Bwllheli 'run pryd ond ar gyflymdra o chwe deg milltir yr awr, lle maen nhw'n cyfarfod, a faint o'r gloch, ac ymlaen, ac ymlaen.

Roedd hi'n werth diodda'r syms i gael bod ar y topia yna, sbio lawr ar Gymru, ac adrodd yno, ar fy nghof, 'fatha Nhad, yn chwarae'r Llywelyn arall hwnnw:

"Y mae haul
Aeddfed Gorffennaf ar y llechweddau hyn...
Nid oes un Sais
Rhwng yma ac Aberffraw...
A thra bo taeog a thywysog yn gytûn
Ni reibia Sais fyth mo'r mynyddoedd hyn."

"O'dd Ll'welyn Fowr yn Welsh Nash, Dad?"
"Taw â dy rwdlian."
Wedi i Taid Groeslon, Robert Owen, tad fy mam, farw yn 1950, roedd fy nain wedi symud i fyw efo Nel a Llywelyn yn Llanfairfechan. O'n i'n ista wrth y bwrdd yno, un pnawn glawog, yn gwagio pot botyma Anti Nel ar y *chenille*. Roedd botyma o bob maint, lliw a llun ynddo fo, a phinna hetia rhyfeddol, ac mi fyddwn i wrth fy modd yn rhoi rhyw drefn arnyn nhw. "Rhowch teciall ar y tân, Mam," meddai Nel, a dyna fi'n gweld Nain yn gosod y teciall newydd, trydan, ar y tân glo, a stwffio'r gwifra a'r plŷg yn daclus odano fo efo'r procar, a dyma fi'n gweiddi ar Anti Nel, wrth i'r gwifra fynd yn fflamia. Roedd fy nain wedi dechrau ffwndro.

Un tro, yng Nghapel Horeb, pan oedd y bregeth yn sych, ces bwniad gan Anti Nel am wingo, a dyma Nain yn dweud, "Mae o'n dda iawn a chysidro fod o mewn capal Cymraeg." Wn i ddim pwy oedd hi'n feddwl o'n i. Roedd hi efallai yn meddwl ei bod hi yn ôl yn St Helens, yn y capel bach hwnnw yn Sutton Oak, godwyd gan y Cymry efo gwastraff y gwaith copor, lle priododd hi fy nhaid. Dilyn y copor o Fynydd Parys yno wnaeth y Cymry. (Mae angen pedair tunnell o lo i wneud un tunnell o gopor. Roedd hi'n haws mynd â'r copor at y glo nag fel arall.) Un siriol oedd Nain, a chanddi dinc o Gymraeg Clwyd gafodd hi gan ei thad, Benjamin Jones o Dreuddyn aeth i St Helens yn löwr. Ond Saesneg St Helens oedd ganddi. Roedd ei chlywed yn adrodd 'On Ilkla Moor Baht 'at' yn ffefryn ganddon ni.

Yn y nos, â'r Saeson yn ein gwlâu, byddai Nain yn tynnu'r pìn i ollwng ei gwallt gwyn yn rhydd, a hwnnw'n llaesu i lawr at waelod ei chefn, cyn dringo i gysgu ar ei chowtsh bach o dan y llun o Siân Owen. Yng ngola gwan y tân yn mudlosgi, roedd hi fel petai Siân Owen wedi dringo i lawr o'r llun, i gysgu efo ni.

Yn yr un flwyddyn â'r Steddfod, yn 1955, o fewn rhyw ddeufis wedi i syrcas Cynan godi ei phebyll, daeth Hollywood i Bwllheli. Roedd hi'n wyth can mlwyddiant siarter frenhinol y dre, ac fel rhan o'r dathliadau, fe ofynnwyd i ni'r plant berfformio yn Neuadd y Dre, a'r gŵr gwadd oedd un o feibion y dre. Cafodd William Jones ei eni yn Massachusetts, pan oedd ei rieni yn ymweld â pherthnasau yno. Rhwymwr llyfrau oedd ei dad, o'r Ffôr. Pan oedd William yn naw oed fe aethon nhw'n ôl i'r America, ac fe gafodd Billy yrfa lewyrchus yno fel perfformiwr *vaudeville*, yn dwyn yr enw Billy De Wolfe. Roedd yn ddawnsiwr, yn gomedïwr ac yn actor, yn chwarae rhannau gyda Doris Day a Bing Crosby a llu o rai eraill. Canu 'Fflat Huw Puw' oeddwn i, a phlant fy nosbarth yn ymuno yn y cytgan, 'Mi wisga i gap pig gloyw tra bydda i byw, os ca i fynd yn llongwr iawn ar Fflat Huw Puw!' Bu raid dawnsio wedyn, fel criw o longwyr ar ddec Fflat Huw Puw. (Gair wrth basio i gydnabod dylanwad J. Glyn Davies, roes i ni'r fath gyfoeth rhyfeddol o ganeuon poblogaidd. Yn ogystal â Cherddi Huw Puw, a Phorthdinllaen, ei gasgliad o ganeuon *Cerddi Robin Goch* oedd trac sain fy mhlentyndod.)

Daeth Billy i'n cyfarfod ni i gyd wedi'r sioe, ac ysgwyd llaw efo pawb, a chyflwyno medalau i ni, i gofio'r achlysur. Roedd wedi hen anghofio bob gair o'i Gymraeg, ac yn wahanol iawn i'w bersonoliaeth liwgar ar y sgrin, roedd yn dawel a swil, fel pe bai mewn syndod ym merw'r gymdeithas barablus adawodd ar ei ôl pan oedd o'n blentyn. Yn y cnawd, roedd Cynan yn fwy o 'star' na Billy.

Y marc

WEDI I FY mam gael swydd yn athrawes yn ysgol fechan Llaniestyn, wrth droed Garn Fadryn ym mherfeddion Llŷn, byddai fy rhieni yn gorfod gadael y tŷ yn gynnar i fynd i'w gwaith. Fy chwiorydd fyddai'n gwneud yn siŵr 'mod i'n codi a chael brecwast mewn pryd i fynd i'r ysgol. Cafodd Mari blentyndod anodd, yn dioddef yn ddifrifol o *eczema*, gan golli wythnosau lawer o ysgol. Er hynny, roedd hi'n siriol a doniol iawn. Aeth i drin gwallt, lle'r oedd hi wrth ei bodd yn ei gwaith yn sgwrsio a chwerthin gyda merched y dre. Bob dydd Sadwrn o'i chyflog prin, byddai hi'n rhoi papur degswllt i'w brawd bach, a'i siarsio i beidio prynu sigaréts. Mae gen i hiraeth mawr ar ôl ei gwên a'i chwerthin parod.

Er bod dau gyflog yn dŵad i'r tŷ, roeddan ni'n dal yn brin o arian, yn rhannol efallai oherwydd parodrwydd fy rhieni i wario ar unrhyw beth addysgiadol i ni; enseiclopedias, gwersi telyn i Shân, a'r ffidil i mi. Gwariwyd ar y parlwr hefyd. Dim ond ar achlysuron arbennig, ac i ymarfer yr offerynnau, y byddai Nhad yn cynna'r tân i ni gael mynd i'r parlwr. Yno roedd y delyn fawr, a'r piano, ac yn ei dro daeth harmoniwm hefyd. Hwn oedd parlwr ein gobeithion. Breuddwyd Nhad oedd y basan ni'n 'gwneud ein marc'. Fel hyn bydda fo'n siarad: "Pan wnei di dy farc, fyddan nhw'n rhoi dy enw mewn goleuada, wsti, a dim ond un enw hefyd, 'Endaf', 'fatha 'Caruso', ne 'Gigli'. Felly bydd hi, pan wnei di dy farc."

Wir i chi. Ond dyna beth oedd cerddoriaeth yn hanes fy nhad, ei ffordd o dorri'n rhydd o rwystrau plwyfol, trwy ennill parch ac edmygedd yn y byd mawr y tu hwnt i ffiniau Cymru. Ro'n i felly yn cael fy ngwthio i ddau gyfeiriad: 'sbïwch arnaf fi' uchelgeisiol fy nhad, a 'paid â gwneud sôn amdanat' fy mam. 'Radeg honno roedd gan bob plentyn lyfr llofnodion. Yn f'un i, sgwennodd Nhad ei ffanffer, 'I Fyny Bo'r Nod!', yn fawr ac yn gwafriog, ond yn ysgrifen daclus fy mam, ces 'Cred yn Nuw a Gwna Dy Waith'.

Wedi cael fy llusgo i eisteddfoda lawer i ganu, dechreuais ddenu sylw fel canwr. Teimladau cymysg oedd gen i am hynny. Doeddwn i ddim yn hoff o gael fy ngalw yn 'boy soprano'. Siriolais fymryn pan ges gynnig fy ngwaith proffesiynol cyntaf, ar y radio. Daeth llythyr i law o'r BBC, ac wele ar yr amlen, 'Master Endaf Emlyn Jones'. Gwahoddiad oedd ynddo gan y cynhyrchydd, Miss Evelyn Williams. Gofynnwyd i mi fod yn llais y cyfansoddwr William Purcell, pan oedd yn hogyn ifanc, yn unawdydd yng nghôr bechgyn Abaty Westminster, yn canu 'Daeth Eto Fis y Blodau' gan Thomas Morley.

Awgrymwyd, wedi'r recordiad, y dylid fy ngyrru innau ar ysgoloriaeth i goleg corawl i fechgyn, a'r prif ddewis oedd Eglwys Gadeiriol St. Paul yn Llundain. Ysgol breswyl oedd hon, gyda safonau academaidd uchel, dyletswyddau corawl dyddiol yn yr eglwys, a chasogau gwynion a choleri ffansi i'r bechgyn. Daeth prosbectws trwchus yn y post, a bu hen bori ynddo.

Aeth fy nhad â fi i Lundain i aros efo'i chwaer, fy modryb Llinos, yn Clapham, ac fe aeth â fi i weld St. Paul's. Ceisiodd ei ora i 'mherswadio i fynd yn aelod o'r côr. Wn i ddim sut ar y ddaear y cytunodd fy mam. Chwiw fy nhad oedd hon, dwi'n siŵr. Onid oedd o'i hun wedi mentro mynd, ac wedi ennill ei le yn Lloegr? Fe ddringon ni gannoedd o risia i fynd i Oriel Sibrydion yr eglwys gadeiriol, a Nhad yn sibrwd, "Meddylia cael bod yn fama, yn canu bob dydd." Tawedog o'n i. Wedi i ni fod yn St. Paul's, mi gerddon ni wedyn i Sgwâr Paternoster lle mae cofgolofn Tân Mawr Llundain, a rhaid oedd ei dringo, rhyw dri chant arall o risia. Yn y pumdegau, roedd tyrau'r eglwysi i'w gweld yn codi'n heirdd uwchben strydoedd y ddinas. Edrychon ni'n ôl ar yr eglwys gadeiriol, a'i tho fel cwpan fawr yn sgleinio yn yr haul a'r brifddinas yn faith wrth ein traed, a Nhad yn gobeithio y cawn fy swyno.

"Dwi'm isio mynd a dyna fo," meddwn i.

Mi fydda i'n meddwl weithia – pe bawn i wedi ildio, a mynd i St. Paul's, mi faswn i'n berson tra gwahanol heddiw.

Dyddia'r feiolin

ER CYMAINT Y pwyslais ar y canu, dyddia'r feiolin oedd y rhain i fi. Mi gofiaf yn glir y diwrnod y daeth y ffidil i 'mywyd. Ar drothwy mynd i'r 'Ysgol Fowr', yn ddeg oed, aethon ni fel teulu i gonsart gyda'r nos, yn neuadd Eglwys Pedr Sant. Pedwarawd llinynnol oedd yno, i chwarae cerddoriaeth siambr. Yn ystod y cyngerdd, er fy syndod, rowliodd deigryn i lawr fy moch, a holodd Mam be oedd yn bod. "Mae o rhy neis," meddwn i, ac ar y ffordd adra dyma fi'n gofyn am gael dysgu'r ffidil. Roedd Nhad wrth ei fodd, ac o fewn dim aeth â fi i Lundain i ni aros efo Anti Llinos yn Clapham. I Boosey & Hawkes yr aethon ni i brynu'r ffidil. Poenus ydy dyddia cynta pawb a'i deulu efo'r ffidil, ond fues i ddim yn hir cyn dod i'w nabod, ac i fwynhau teimlo'r offeryn rhywsut fel aelod o'r corff, yn dynn dan fy ngên; fe glywn ei sŵn nid yn unig drwy'r glust, ond trwy esgyrn fy mhen.

Daeth athro cerdd Ysgol Penrallt i'm dysgu. Mae John (Jac) Newman yn ddyn mawr gen i. Trwy holl helbulon fy nyddiau ysgol, Jac, ei hiwmor a'i broffesiynoldeb a'i bwyslais ar raen perfformiad, oedd yn fy nghadw rhag torri 'nghalon yno. Diolch iddo fo, mi wnes i hwylio drwy'r arholiadau cerdd yn ddidrafferth a chyda phob anrhydedd. Yn y dyddiau hynny, mi fyddwn i'n chwarae'r ffidil am o leia ddwy awr bob dydd, a theirawr ar brydia. Cychwynnodd Jac gerddorfa'r ysgol, ac mi ges i swydd y ffidlwr sy'n arwain. Roedd Jac yn athro da ac yn ffrind.

Fe fydden ni'n dau yn mwynhau chwarae'r consierto i'r ffidil a'r feiola, y *Sinfonia Concertante* gan Mozart, efo'n gilydd. Fedrach chi dim rhannu cerddoriaeth ddwys felly heb glosio at ddod yn ffrindia.

Rhoddodd fenthyg ei recordiau i mi, er mwyn i mi ymestyn fy mhrofiad cerddorol. Mi fyddwn i'n gwrando ar rheiny ar y Dansette Junior brynodd fy chwaer Mari efo'i chyflog cyntaf. Fe awn o wrando ar fy *Elvis' Golden Records* (50,000,000 Elvis Fans Can't Be Wrong!) at *Requiem* Verdi a'r *Dies Irae*, gyda'r un mwynhad. O'n i wrth fy modd efo pob math o gerddoriaeth. Cofiaf yn arbennig gael benthyg record gan Jac, o Dietrich Fischer-Dieskau yn canu'r *Dichterliebe* gan Schumann, ac addasu 'Ich Grolle Nicht' yn gân bop i grŵf wyth curiad ar yr harmoniwm yn y parlwr.

Ces hefyd arwain cerddorfa'r Sir ganddo fo. Ac yn wir, pan o'n i tua pedair ar ddeg ces wahoddiad i chwarae yr ail ffidil fel un o bedwarawd o'i ffrindia. Cerddorion proffesiynol oedd y rhain fyddai'n cyfarfod bob rhyw fis yn ei dŷ yng Nghricieth, ac yn eu plith roedd y rheiny wnaeth fy ysbrydoli o'r cychwyn, yn neuadd Pedr Sant. Yn rhyfeddol iawn, o fewn cwta bedair blynedd o'u clywed yn y cyngerdd hwnnw, ro'n i'n chwarae'r ffidil gyda thri ohonyn nhw. Patrwm y noson oedd paned, cyn agor y cwpwrdd cerddoriaeth a dewis darnau ar hap wedyn i'w chwarae. Roedd dipyn bach o bob dim yno, ac mi ges brofiad gwych o ddarllen cerddoriaeth ar yr olwg gynta. Byddai'r caws a'r gwin yn dŵad yn yr egwyl, a gwydr o lemonêd i mi. Yna, mewn hwylia da, 'mewn â nhw eto i chwilio'r cwpwrdd, a mentro ar y Bartok a chael lot o hwyl.

Ond doedd cario cas ffidil ddim yn 'cŵl'. Datblygais yr arfer o'i gario dan fy nghesail fel pe bai yna arf peryglus ynddo, 'run fath â byddai dihirod Al Capone yn cario eu *Tommy-guns* mewn cas ffidil. Wnaeth neb sylwi wrth gwrs. Ara deg y daw'r arddegwr i ddysgu nad y fo ydy canolbwynt y bydysawd.

Mi fues i am ryw flwyddyn neu ddwy yn cael gwersi piano gan Miss Eluned Williams. Ond pwdu wnes i ar ôl cael dim ond Merit yn y Grêd Tŵ, a rhoi'r gora i'r berdoneg. Wn i ddim pam yn union. Roeddwn i 'mhell ar y blaen ar y ffidil, a doedd darnau syml gwersi cynnar y piano ddim yn apelio o gwbl. Cwyn gyson Miss Williams oedd fod fy mys bach yn mynnu codi wrth chwarae. Ces aml i slap pensal ar y bys styfnig. Dwi'n edifar na wnes i ddyfalbarhau. Mae'n offeryn hanfodol i unrhyw un sydd am fod yn gerddor. Roeddwn i'n dal i ganu'r piano, ond heb grefft, ac mi rydw i'n dal i chwarae'n gyson, yn flêr, o 'mhen, a'r bysedd bach yn dal i godi.

Rhywbryd yn niwedd y pumdegau, mi es i eto i'r mynydd uwchben Llanfairfechan, a mynd ar goll, a chael fy hun yn dringo i lawr i chwarel Penmaenmawr wedi blino'n lân. Daeth trên bach y chwarel tuag ata i.

"Lle ti'n mynd, washi?"

"'Nôl i Lanfairfechan ar 'lôn fawr."

"Ro i bàs i ti. Dring i fyny. Be 'di dy hanes di, hogyn pwy wyt ti a lle ti'n byw?"

"Pwllheli."

"Gin i gariad yn fanno, 'sti. Luned Williams. Ti'n nabod hi, ma'n siŵr?"

Ac mi o'n i'n gwybod yn union pwy oedd hi. A dweud y gwir, dim ond rhyw ychydig o sylw fyddwn i'n ei gael gan Miss Williams, wrth i mi chwarae'r darna. Mi fyddai hi'n brysur yn sgwennu llythyra trwy gydol y wers. Llythyra cariad, mae'n siŵr. Cyd-ddigwyddiad rhyfedd oedd cyfarfod ei chariad ar injan drên, ar ben mynydd

Penmaenmawr. Aeth rhywun tebyg iawn i Miss Williams i stori'r ffilm *Stormydd Awst*. Deuai mab John 'Barbar' am ei wers ar fy ôl i, yn cario darnau fel 'Misty', a 'Smoke Gets in Your Eyes'. Leciwn i fod wedi cael dysgu'r rheiny yn hytrach na'r Minuets.

Stormydd Awst

O'N I YN yr Ysgol Ramadeg erbyn hynny, oedd fel caer uwchben y dre yn edrych lawr arnom ni oll. Yno yr aed ati o ddifri i'n gwneud yn Brydeinwyr. Fel'na roedd hi'n ymddangos i fi. Yn y pumdegau ffarweliwyd ag arwr Shân, y prifathro R. E. Hughes (taid yr awdures Angharad Tomos) oedd wedi gofalu am yr ysgol yn dadol. Erbyn i mi ddŵad i'r ysgol roedd un gwahanol iawn ei anian, er tebygrwydd ei enw, E. R. Hughes, Cymro o Fethesda, wedi sefydlu ei deyrnasiad Seisnig. Gwisgodd yr athrawon oll mewn gynau duon, a phrynodd gansen. Doedd dim byd gwaradwyddus i'w weld yn hynny yn y pumdegau. Roedd y gansen yn rhan o arsenal llawer athro. Bu rhaid aros hyd ganol yr wythdegau i'r arfer o guro plant ysgol gael ei wahardd.

O'r cychwyn, roedd o a fi yn gwrthdaro. Rhywbryd o gwmpas yr ail flwyddyn, ciliodd yr hogyn siriol, parablus ynof i, a daeth y llanc pruddglwyfus, anodd i'w drin, i gymeryd ei le. Un tro roeddwn i wedi gwneud rhyw ddrwg, chofia i ddim be, ond ddigon drwg ym marn y prifathro i haeddu cansen. Gofynnodd i mi, yn Saesneg yn ôl ei arfer, pa law o'n i'n ei defnyddio i chwarae'r ffidil. "Dwi'n defnyddio'r ddwy," medda fi, a gwthio'r ddwy law yn agored o'i flaen. "Gewch chi ddewis." Daeth ergyd y gansen yn g'letach wedyn. Oedd rhywfaint o hanes fy nhad yn herio'r prifathro ym Mhen-y-groes yng nghefn fy meddwl? Oedd, mae'n siŵr.

Sefydlwyd llyfrgell yn yr ysgol ac mi es at wledd o ddarllen yn awchus. Unwaith, ces fy nal gan y prifathro gyda 'mhen mewn cyfrol o gerddi W. B. Yeats. "Stick to the syllabus," medda fo. Bu rhaid rhoi Yeats yn ôl ar y silff. Fe'i benthyciais oddi yno wedyn yn slei bach, gyda nofelau'r Rwsiaid; Tolstoy, ac yn arbennig, Dostoyevsky. Ymgollais yn ei nofel dywyll, *Trosedd a Chosb*, yn teimlo'n frawd mewn euogrwydd i Raskolnikov. Efallai fod gwrthryfela yn erbyn y maes llafur gorfodol yn cryfhau apêl llyfrau felly. Roeddwn i'n gweld rheolau a disgyblaeth yr ysgol yn rhwystrau. Wrth gwrs, mae angen trefn, ond cael ein naddu i ffitio'r tylla oeddan ni.

Roeddwn i wrth fy modd yn arlunio, ac yn mwynhau gwersi'r athro Elis Gwyn Jones. Un tro, mi ges i fy ngalw o flaen y prifathro am ddarlunio cartŵn o ddau o'r athrawon mewn sialc ar un o'r waliau: yr athro Cymraeg esgyrniog a'r athro Bywydeg boliog, ochr yn ochr fel Laurel a Hardy. Ceisiais wadu bod unrhyw debygrwydd yn fwriadol. Roeddan nhw'n rhy dda, meddai o, i mi bledio hynny. Ces bwcad o ddŵr a brwsh sgwrio, a'm gyrru i wneud penyd cyhoeddus o sgwrio'r wal yn lân. A ches i ddim dewis Celf fel pwnc. Yn lle Celf bu raid i mi ddewis Bywydeg, i gael o leia un pwnc Gwyddoniaeth. Er 'mod i wrth fy modd efo byd natur, wnes i ddim ymdrech i basio'r arholiad Lefel O yn y pwnc, a hynny ar ryw egwyddor styfnig, ffôl.

Mi wnes i daro ar y prifathro flynyddoedd wedyn, ar faes rhyw steddfod, a'i gael yn ddyn clên, â'n sgwrs yn Gymraeg am y tro cyntaf erioed. Roedd o wedi gweld fy ffilm *Stormydd Awst* a dyma fo'n dweud, "O'n i'n gweld be oeddach chi'n neud." Doeddwn i ddim yn siŵr be oedd o'n feddwl o'n i wedi ei wneud, ond roedd yna guriad o gydnabod ein hanes cythryblus. Mi leciwn i fod wedi sgwrsio mwy. Un tro yn ystod rhyw bregeth, dwi'n ei gofio fo'n dweud wrtha i mai fi oedd 'Walter Mitty yr ysgol'. Wyddwn i ddim pwy oedd hwnnw, ond wedi dysgu mai cymeriad ffuglennol James Thurber oedd o, ac wedi i mi weld y ffilm gyda Danny Kaye yn chwarae rhan Walter Mitty, roeddwn i'n dallt ei fod yn cyfeirio ata i fel breuddwydiwr ffôl, fyddai'n siŵr o gael ei haeddiant.

Ac mi wnes ei brofi'n iawn. Mi redais i ffwrdd. Doedd dim achos rhesymol i fi wneud hynny. Aeth direidi dros ben llestri yn yr ysgol. Fe alwyd fy nhad. Penderfynais ffoi. Roedd y beic gen i. Dyma neidio arno, a gwibio i lawr Allt Salem fel y gwynt. Do, fe redais i ffwrdd, ar gefn beic, i Flaenau Ffestiniog. Roedd hi'n bwrw glaw yno. Wrth gwrs. Roedd hi'n twllu, a 'nghynllun i guddio yn y mynyddoedd tan y gwanwyn, ac wedyn ymuno â rhyw ffair, yn amlwg, yn Walter Mittaidd hurt. Es i swyddfa'r heddlu i ildio fy hun gerbron yr heddweision. Bu raid ffonio f'ewyrth Idwal, brawd fy mam. Ganddo fo roedd y teliffon. Aeth yntau i'n tŷ ni, i ddweud wrth ei frawd yng nghyfraith fod ei fab "yn y jêl yn Blaena".

Yn hwyr y noson honno cyrhaeddodd fy nhad yn y car i'm nôl. Bu raid gadael y beic i mi ddychwelyd rhywbryd ar y bws i'w reidio adra.

"Be haru ti?" meddai Nhad.

"O'n i isio amsar i feddwl dros be o'n i wedi'i neud," meddwn i, yn edifeiriol, ac mi oedd yna rywfaint o wirionedd yn hynny.

A chwarae teg i Nhad, dyna fu. Am adra â ni, lle y gwarchododd Nhad fi rhag cerydd dagreuol fy mam druan. Go brin 'mod i wedi rhedeg i ffwrdd o ddifri. Roedd elfen o dorri'n rhydd, o fynd ar antur, fel y gwnaeth Huckleberry Finn yn un o fy hoff lyfra. Ond roedd yn arwydd hefyd o fachgen mewn trybini meddyliol. Mae'n cymryd llond bol o ofn i yrru hogyn i ffoi ar gefn beic, bum milltir ar hugain i ben mynydd.

Roedd y prifathro yn agos i'w le. Roeddwn i'n blentyn oedd yn ildio'n rhy barod i bŵer dychymyg, yn byw ar y ffin rhwng y byd hwn a'r byd ffantasïol, byd syniadau, y rhai da a'r rhai drwg. Mi fues i'n ffodus iawn i gael byw ar werthu fy syniadau, ond mae'r gwerthu yn haws na'r gwireddu. Fel yn 'Lle Bach Tlws' T. Gwynn Jones, lle'r oedd 'gwenyn o aur ar y brigau, a mwclis bach coch ar y coed', mae yna bob amser yr ofn na fydd rhyw Idris 'yn gweled dim byd ond coed'. Ac yn waeth na hynny, y posibilrwydd fod Idris yn iawn.

Y dyn 'nath ddwyn fy het

MI FUES I'N ffodus i fyw mewn oes oedd yn rhoi pob cefnogaeth i gerddoriaeth yn yr ysgol, ac yn darparu adnoddau ar gyfer corau, ac offerynnau a chyrsiau cerddorfeydd, i gyd yn rhad ac am ddim. Pan ymunais â Cherddorfa Ieuenctid Gogledd Cymru am y tro cyntaf yn 1957, fe dynnwyd llun o'r pedwar cerddor ieuengaf ar gyfer y papurau newydd. Ar y chwith gyda'i ffidil roedd Elspeth, merch y pianydd Mamie Noel Jones, wrth ei hochr

Ang.esey has already established one, and Caernarvonshire hopes to run a county course soon. Other counties will do the same.

Among the girls and boys are those from musical families, but many have no tradition of instrumentalism behind them.

Young quintet tuning-up

The five youngest children attending the North Wales Youth Orchestral Course at Rhyl this week: Left to right: Enid Williams (14), Llangefni; Elspeth Wilson Roberts (12), Port Dinorwic; Gwyn Cadfan Jones (13), Blaenau Ffestiniog; Peter Elias Jones (13), Llangefni; Endaf Emlyn Jones (12), Pwllheli. Top right are some other young musicians.

roeddwn inna, yn fy nhrowsus llaes cyntaf, ac ar y dde i mi, roedd Peter Elias Jones o Langefni, yn dal yn ei drowsus bach, ac ar y pen, roedd Gwyn Cadfan Jones o Flaenau Ffestiniog. Roeddwn i ac Elspeth a Gwyn yn gyfeillion o gerddorfa'r Sir, ond dyma'r tro cyntaf i fi a Pete gyfarfod ein gilydd. Roedd o'n fachgen llawn brwdfrydedd a hael ei gyfeillgarwch. Fe ddaethon ni'n ffrindia da, yn cwrdd â'n gilydd yn rheolaidd yn y gwahanol gerddorfeydd.

Erbyn '59 roeddan ni'n aelodau o Gerddorfa Genedlaethol Ieuenctid Cymru. Roedd canolfan y Gerddorfa yn Llandrindod. Byddai'r ymarfer yn digwydd yno, cyn i ni fynd wedyn ar ein taith o gyngherddau o gwmpas y wlad. Dyma oedd uchafbwynt yr haf i fi am bedair blynedd, o '59 i '62. Roeddan ni yn yr un cyfnod â John Cale o Garnant, oedd yn chwarae'r feiola. Un trawiadol ei bresenoldeb oedd o, yn hŷn na fi, ac yn barod yn gwisgo rhyw hynodrwydd soffistigedig. Roedd gen i het wellt, ac fe'i hawliodd. O'n i'n rhy swil bryd hynny i ofyn amdani'n ôl. Pan oeddwn i'n rheolwr llawr yn HTV, daeth Cale i berfformio ar y gyfres *Jam*. Dewisodd ganu 'Heartbreak Hotel' Elvis Presley, wedi ei wisgo fel deintydd, yn cam-drin model ffenast siop o ferch hanner noeth yn ei gadair deintydd, wrth weiddi canu, 'I feel so lonely I could die...' Doedd o ddim wedi newid. Roeddan ni'r criw yn anweledig iddo fo. Ond does dim lle i'r gwylaidd ar lwyfannau roc y byd. Mae'n un o'n cerddorion mwyaf unigryw. Mi faswn i'n codi fy het wellt iddo fo, petai hi'n dal gen i.

Ond eto, un swil a diymhongar, chwaraewr obo ein cerddorfa, Karl Jenkins, o Benclawdd, ddeuai i gael ei gyfri y mwyaf llwyddiannus o'n cyfansoddwyr. Aeth Karl ymlaen o'r gerddorfa i fod yn aelod o Soft Machine yn dwblu ar y sacsoffon, cyn gwneud enw iddo'i hun yn fyd-eang gyda chyfansoddiadau fel ei *Adiemus* a'i Offeren Heddwch, *Y Gŵr Arfog*. Heb ymffrost, a heb deimlo gorfodaeth i fod yn *avant garde*, mae cerddoriaeth onest Karl Jenkins wedi cyffwrdd calonnau gwrandawyr ledled y byd. Ein cerddorfeydd ieuenctid sy'n rhoi i ni'r cerddorion gwych yma. Dylid eu gwarchod a rhoi pob blaenoriaeth iddyn nhw.

Yng nghanol y prysurdeb cerddorol yma, daeth un gair o rybudd gan Mrs Williams, fy athrawes Ffrangeg. "Dach chi'n canu yn y côr, yn chwarae'r ffidil, dach chi yn yr *orchestras*, ac yn adrodd, wrthi'n gwneud rhywbeth byth a hefyd. 'Jack of All Trades' fyddwch chi, os na wnewch chi ddewis un peth, a'i wneud o'n iawn!" A Ffrangeg, un o fy hoff byncia, oedd yr un peth hwnnw y dylwn i ganolbwyntio arno, yn ei barn hi. Roedd hi'n iawn, mae'n siŵr, fod gormod o heyrn gen i yn y tân, ond roedd gwybod rhyw dipyn bach am bob math o bethau yr union gymhwyster fyddai'n agor drysau ym myd y cyfryngau, lle gellid mynd ymhell ar ychydig.

Heulwen ar y trên

Cofio gweld yr Imbyll
Yn dawnsio yn y tes,
Cofio Ceredigion,
Ar ddiwrnod braf yn nes...

'Gwylan', 1974

"GEI DI FYND i Geredigion, a throchi yn y môr yn Llangrannog," meddai Mam. Roedd hi wedi bod yn un o wersyllwyr cyntaf yr Urdd yn Llanuwchllyn yn 1931. Roedd hi'n daith hir, ar drên i Aberystwyth, a bws wedyn i wersyll Llangrannog. Un arall oedd wedi teithio'n bell i gyrraedd yno oedd Heulwen Haf, o Gorwen. Ces fy swyno gan Heulwen a'i phrydferthwch a'i phersonoliaeth hafaidd. Roeddan ni'n dau ar fin dathlu pen-blwydd yn ddeuddeg oed; Heulwen ddiwrnod yn iau na fi, ond, fel mae'r genethod yn aeddfedu yn gynharach na'r bechgyn, roedd hi'n hŷn o ran ei hyder na fi. Dryslyd iawn oeddwn i, wedi fy synnu pa mor ddiddorol oedd genethod yr haf hwnnw, ac wrth gerdded o'r traeth yn ôl i'r gwersyll, heibio Ynys Lochtyn, yn swil wrth ochr Heulwen, o'n i'n siŵr o fod yn gweld y byd ar ryw newydd wedd.

Bu raid canu eto. Fe gynhaliwyd cyngerdd gan y gwersyllwyr ar ddiwedd yr wythnos. Gofynnwyd i fi chwarae rhan neb llai na fy arwr, Carwyn James. Roedd yn un o'r swyddogion, ac yn nychymyg y gwersyllwyr, roedd o'n ffansïo Myfanwy, un arall o'r swyddogion. Fe roddwyd tracsiwt werdd Carwyn i fi ei gwisgo, a'i chwiban ar ruban

61

i hongian rownd fy ngwddw, a do, fe ganais i 'Myfanwy', yn holi 'pam mae dicter?' Daeth Carwyn ar y llwyfan i'r encôr ac fe ganodd efo fi, a phawb yn ymuno'n llon. Dwi ddim yn cofio heddiw pwy oedd y ferch chwaraeodd ran Myfanwy. Heulwen Haf sy'n aros yn y cof.

Ar ddiwedd yr wythnos, fe deithiodd Heulwen a'i ffrind efo fi, 'nôl am adra ar y trên o Aberystwyth, ond yn lle mynd oddi ar y cerbyd yng nghyffordd Afonwen, ces fy synnu'n lân pan arhosodd y ddwy efo fi yr holl ffordd i Bwllheli, i fi a Heulwen gael ffarwelio'n ddramatig ar y platfform, a dychwelodd hi wedyn ar y trên nesa, i ddal y cysylltiad o Afonwen i Fangor ac ymlaen i Gorwen. Fydda i'n meddwl am y diwrnod hwnnw bob tro y clywa i Bryn Fôn yn canu 'ar y trên i Afonwen, fe gollais i fy mhen'.

Flynyddoedd lawer wedi'n byr gyfarfod, ein 'brief encounter' yn rhamant oes yr injan drên stêm, aeth ein llwybrau â ni'n dau i'r cyfryngau, a llwybr Heulwen yn fwy ecsotig na f'un i. Aeth o aelwyd y bwtsiar yng Nghorwen i emporiwm Harrods, i bellafoedd byd ac yn ôl i Gymru yn actores. Trist oedd clywed i ni ei cholli.

Dilyn Dwynwen

Tra bo'r môr yn cyfri'r tywod mân
Fe'th garaf...

'Dilyn Dwynwen', 1974

DAETH CARWRIAETHAU'R ARDDEGAU i fynd â 'mryd i, â'u dramâu yn rhamantus, ac yn felys chwerw. Y llwyfan i'r dramâu, yn aml, oedd 'Caffi Now', yr Expresso Coffee Bar. Yn fanno byddwn i'n cysuro fy hun, yn lleddfu'r cleisia i gwynfan melys y Brodyr Everly, 'Mi wna i fy wylo yn y glaw', a 'Nei di fy ngharu, yfory?' gan y Shirelles. (Mi oeddwn i'n hoff o gyfieithu'r geiria i'r Gymraeg i ddifyrru fy hun.) Mae'n syndod gen i weld mai dim ond rhyw dair blynedd y bues i yn un o ffyddloniaid y caffi. Roedd o'n ail gartra, ac yn goleg i mi. Mi fedrwn i wneud i banad o de, oedd yn costio grôt, pedair ceiniog yn yr hen bres, bara trwy'r pnawn.

Does dim plac ar y wal yno heddiw, am wn i, ond mae iddo ei le yn ein hanes. Caffi gwahanol i'r cyffredin oedd hwn. Roedd acen Saesneg y perchennog yn agosach i Vancouver na'r Saesneg fasach chi'n ddisgwyl gan hogyn o'r Pistyll. Roedd Now wedi bod am sbel yn gweithio yng Nghanada; crysa siec y *lumberjacks* fydda fo'n eu gwisgo, llun o lyn yn fforestydd Canada oedd ar y wal, ac arwydd yn dweud, 'For Pete's sake stop pinchin' spoons'. Tu ôl i'r cowntar roedd Doris o Rhiw a Hafina o Nefyn, yn glên bob amser, a'r dyn ei hun, Owen Williams, 'Now Gwynus' ar ôl y ffarm deuluol, yn cadw ei lygaid samiwrai ar bawb wrth ffrothian y coffi, a chanmol yr IRA.

Roedd Now yn un o'r tri a garcharwyd yn dilyn ffrwydro'r trosglwyddydd trydan yn Nhryweryn. Mi fydden ni'n cael aml i sgwrs, ac mi dynnodd fy sylw at lyfr ar yr 'Easter Rising' yn 'Werddon, oedd yn agoriad llygad. Er hynny, annisgwyl oedd i fflam gwrthryfel danio yn y caffi. Nid o ddamcaniaethu academaidd y daeth ei weithredu, ond o brofiad bywyd, o'i gefndir yn tyfu i fyny â'i deulu yn denantiaid ffarm yn crafu byw ar ochra'r Eifl; o gael byw mewn gwlad arall am gyfnod, lle nad oedd unrhyw Loegr yn rheoli, ac o weld yn glir yr annhegwch annerbyniol yn Nhryweryn. Pan wnaed y penderfyniad gan y tri i weithredu, roeddwn i ymhell i ffwrdd yng Nghaerdydd, yn gwir ryfeddu at eu dewrder, ac eto doeddwn i ddim yn synnu. Roedd Now yn ŵr annibynnol ei natur; y gwrthryfelwr yn ei gaffi.

Y prif atyniad yng Nghaffi Now oedd y jiwcbocs Rockola, yn rhyfeddod o grôm a gwydr. Am bishyn chwe cheiniog, neu swllt am dair, roeddan ni'n cael dewis ein hoff recordiau. Rhyw glwy naw diwrnod emosiynol ydy'r arddegau i lawer ohonon ni, ond i rai, dyma dir peryglus stormydd emosiynol. Roedd ganddon ni lond y jiwcbocs o ganeuon torcalonnus i ymgolli ynddyn nhw. Am gyfnod o'n i'n bwydo aml i bishyn chwech i'r jiwcbocs, i glywed Skeeter Davis yn wylofain, ar fy rhan: 'Wyddan nhw ddim? Ma hi'n ddiwedd y byd... fe ddarfu, pan gollais i dy serch!'

Y llafnau hud

Mor hawdd oedd llithro lawr
Y llafnau hud
A cholli gafael ar y byd...

'Swllt a Naw', 1977

CYN DYFODIAD Y teledu, y peth mwya cymhleth yn ein tŷ ni oedd y radio. Bocs pren yn steil y Gothig Newydd, oedd yn cuddio rhyfeddodau o'i fewn. Rhywsut, roedd y bwndel dryslyd o wifrau a bylbiau ynddo yn medru cribinio a hel y tonnau radio anweledig o'r awyr, i'w troi yn gerddoriaeth, neu'n ddrama, ac yn bwysicach i'r drefn, yn newyddion o Lundain. Llundain oedd yr awdurdod ar bopeth. Roedd dipyn o Gymraeg yma ac acw. Dechreuodd pobol droi at y radio am adloniant. Fyddai hyd yn oed fy mam yn gwrando ar *Teulu'r Siop*.

Hynod o beth oedd troi'r nobyn a gyrru'r nodwydd i grwydro heibio London, draw i Stavanger, Hilversum, Reykjavik, Prague a Vienna. Y gryfaf o'r gorsafoedd a'r fwyaf poblogaidd oedd Radio Luxembourg. Yn ogystal â'r recordiau pop diweddara, roedd arni raglenni adloniant. Roedd y rhaglenni yma yn cael eu recordio yn Llundain a'u hedfan i Lwcsembwrg i'w darlledu oddi yno. Mi gawson ni hwyl garw un noson pan aeth fy Yncl Percy i chwarae 'Yes/No' ar *Take Your Pick* efo'r parablus Michael Miles. Roedd Percy'n rhy chwim ei feddwl a pharod ei dafod i gael ei hudo i ddweud na'r 'Yes' na'r 'No', ac mi enillodd fatres ddwbl, a set o lestri cinio.

Yn gynnar yn y pumdegau aeth y radio ar dân a bu drama fawr a ffwdan, a llond y tŷ o fwg. Ond bu 'hwrê' wedyn pan ddaeth y radio newydd sbon, y Bush, 'streamlined' efo VHF, a rhyfeddod y 'Magic Eye' o wyrddni golau oedd yn newid ei siâp wrth i ni diwnio i'r donfedd. 'Dan ni'n meddwl am y pumdegau fel degawd roc a rôl, ond roedd y siart yn llawn 'run pryd o arddulliau cymysg iawn o'r pedwardegau. Patti Page a'i 'How Much is that Doggie in the Window?' oedd cantores fwya poblogaidd y ddegawd. Ar frig y siart fe fyddai 'Magic Moments' Perry Como, a'r trwmpedwr Eddie Calvert ac 'O Mein Papa'. Caneuon 'neis', 'canol y ffordd' oedd y rhain, yn heintus felodaidd. Roedd dyfodiad recordiau fel 'Johnny B. Goode' gan Chuck Berry yn fwy trawiadol o'u herwydd. Roedd newid ar droed.

Dois i o hyd i AFN, yr American Forces Network, a darganfod Muddy Waters, y Coasters, y Cadets a'r Cadillacs; *doo-wop* y Monotones, a Lloyd Price, 'Lawdy Lawdy Miss Clawdy, you sure look good to me'. Ond doedd dim modd gwrando ar eich pen eich hun. Heb wres canolog, efo'n gilydd o gylch y tân oeddan ni'n byw trwy'r gaeaf hir. Doedd yna ddim preifatrwydd. Pan fyddai Screamin' Jay Hawkins yn gweiddi, mi fyddai pawb yn wfftio. "Diffodd yr hyrdi-gyrdi 'na!"

Yn niwedd y pumdegau, daeth y transistor i gymeryd lle hen falfiau gwydr y radio. Roedd posib wedyn mynd â set radio transistor fechan i wrando dan ddillad y gwely yn hwyr y nos ar Radio Lwcsembwrg. Ar nos Sul, mi fyddai'r gwasanaeth yn gorffen gyda'r Awr Feibl. Efengylwyr radio Americanaidd oedd yn cynnal y sioe, yn dyrnu'r Beibl ac yn gaddo tân a brwmstan, ac yn proffwydo y byddai'r Apocalyps yn dechrau toc, gyda phla o benadynod, cornwydion, 'a plague of boils upon all mankind... from which no position affords relief'. A minna'n hogyn llegach, oedd yn dioddef o benadynod, a charbynclau anferthol, roedd hyn yn peri gofid i mi. Fe awn yn aml at gyllell y doctor ar y ffordd i'r ysgol, gyda Vesuvius yn codi ar fy ngwar. Oeddwn i wedi fy newis yn gennad yr Apocalyps?

Doedd fawr ddim byd gwell na chael dianc i'r 'Pics', y pictiwrs yn y dre, ac ymgolli yn y ffilmiau, a Saesneg oedd cyfrwng rheiny hefyd. Yn 1957 daeth ffilm Bill Haley (and the Comets), *Rock around the Clock*. Roeddwn i'n dair ar ddeg, ond cyndyn braidd oeddwn i werthfawrogi y roc a rôl hwnnw. Doedd Bill Haley ddim yn grêt. Y ffilm gerddorol wnaeth fwyaf o argraff arna i oedd *The Girl Can't Help It*. Stori oedd hon yn ymdrin â serch, alcoholiaeth, a thor calon, gyda cherddoriaeth lawer gwell na Bill Haley, gan Little Richard, Eddie Cochran, a Fats Domino. Roedd ynddi atyniadau amlwg Jayne Mansfield, ond gwell a gwych oedd y gantores Julie London ynddi. Mae cymeriad Tom Ewell, yn ei ddiod a'i ofid, yn ei 'gweld', fel rhith yn dringo i lawr y grisia yn canu 'Cry Me a River'. O'n i'n rhyfeddu wrth weld beth oedd ffilm yn gallu ei wneud, ac yn dod i sylweddoli fod byd yr oedolion yn agosáu, a'i fod yn llawn peryglon.

Fy rhieni

DWI HEDDIW'N HŶN na fuo Nhad a Mam erioed, yn cofio'r ddau yn iau na fi, sy'n troi ein byd â'i ben i lawr. A pharhau mae ein perthynas, er bod y sgwrs yn unochrog heddiw, a finna'n teimlo'r hawl i fod yn hy, wrth adrodd eu hanes fel hyn. Dwi'n ama y buon ni'n rhy selog yn y capel, yn hidio gormod am gonfensiwn, a pharchusrwydd. Byw rhwng gobaith ac ofn mae pawb, a chariad ydy'r nod; ac fe gawson ni'r cariad hwnnw i'n cofleidio ar yr aelwyd, o'r cychwyn i'r diwedd.

Roedd fy rhieni yn dotio ar ei gilydd, a'n tŷ ni yn llawn chwerthin. Dim ond ambell i ffrae fechan dwi'n ei chofio. Er bod fy nhad yn cynnal gwersi ar gadw llyfrau, roedd o'n un gwael iawn am edrych ar ôl ei arian ei hun, ac mi fyddai hynny'n poeni fy mam. Daeth ffrae oedd yn fwy tymhestlog, pan o'n i'n fy arddega. Roedd Mam wedi bod ar drip yr ysgol i Sw Caer, ac wedi prynu crys i mi yno. Crys coch, a smotiau mân o bob lliw arno fo. Gollodd Nhad ei limpin. Crys fasa 'gwehilion Birmingham' yn ei wisgo oedd hwn! 'Crys caridýms'! Wyddwn i ddim pam oeddan nhw'n ffraeo, ond o'n i'n gwybod nad oedd o ddim byd i neud efo'r crys. Ond o fewn dim, roedd y ffraeo'n troi'n chwerthin.

Dwi'n gweld ffaeleddau Nhad cystal â dwi'n gweld ei rinweddau. Un rhadlon, doniol a charedig oedd o, ond weithia â'i feddwl ymhell, a'i lygaid gleision yn freuddwydiol. Roedd o hefyd yn fyrbwyll, ac ymfflamychol, ond rhyw ffrwcsio oedd ei wylltio; yn diffodd mor sydyn ag y taniodd. A finna'n fab i 'nhad, dwi'n gyfarwydd iawn â'r ffaeleddau yma ynof i fy hun. Ac yn wir, fe fu achosion pan wnes inna golli fy limpin, a gweiddi rhyw siâp ar 'Stwffiwch eich ffynhonbin'.

Fuodd o a fi erioed yn gwneud y pethau sy'n arferol i dad a mab eu gwneud efo'i gilydd. Fuon ni 'rioed yn pysgota, na mynd i unrhyw gêm. Does gen i 'run cof ohono fo a fi yn cicio pêl, a thrwsgl iawn oeddwn i felly ym myd y chwarae, heb unrhyw sgiliau pêl. Ches i 'rioed y cyfle i godi na brwsh paent na mwrthwl. A dweud y gwir, fedra i feddwl am ddim byd ymarferol ddysgais i ganddo fo, ar wahân i'r tric o chwarae cordia ar y trombôn. Ond fe ges ewyllys gref ganddo fo, a dygnwch. 'Dan ni'n dau yn benderfynol, ac yn anghyfrifol o optimistaidd. Ac yn drwsgl.

Leciwn i edliw fan hyn am y 'citshincabinet'. Roedd y cabinet hwnnw y tu ôl i 'nghadair i wrth fwrdd y gegin. Un o'r cypyrddau rheiny efo lêff oedd yn agor i lawr fel desg, a dim o bwys ynddo fo, dim ond peth wmbreth o bapur brown a llinyn ac ati. Bob hyn a hyn, yn hollol ddirybudd, byddai'r catsh yn gollwng, a'r lêff yn syrthio'n slap ar gopa 'mhen a gwthio 'ngwynab i ganol fy swpar. Ar hyn, mi fyddai Nhad yn rowlio chwerthin. "Rhaid ti neud rwbath i'r cwpwr' na, Emlyn," meddai Mam bob tro. Dwi wedi etifeddu'r anallu yma hefyd. Mae petha'n mynnu torri yn fy nwylo.

O dro i dro byddai ffrindia Mam o'i phlentyndod yn Ysgol Penfforddelen, Groeslon yn galw acw. 'Yncl' John, John Gwilym Jones y dramodydd, oedd un o'r rhai yr o'n i wrth fy modd o'i weld. Byddwn i'n siŵr o gael pishyn dau swllt, 'ffloran', ganddo fo, a chael ista ar ei lin. Un tro, flynyddoedd wedyn, yn stiwdio HTV, a ninna heb weld ein gilydd ers oesoedd, dyma John Gwil yn dweud, wrth iddo ysgwyd a dal gafael ar fy llaw, "Taswn i wedi gofyn i unrhyw ddynas fy mhriodi, boi bach, dy fam fasa honno." Roedd o a Mam yn mynd i'r un ysgol Sul yng Nghapel Brynrhos, ac yn ffrindia mawr. Fydden nhw'n hoff o hel atgofion am eu plentyndod yn y pentra, am wneud taffi triog efo'i gilydd, a llwyddo rhywsut i doddi'r llwy. Pan aeth fy mam i'w swydd gyntaf fel athrawes yn Neganwy, roedd John Gwilym Jones yn athro gerllaw yn Llandudno yn gwmpeini iddi, a'r ddau'n mynd efo'i gilydd i weithgareddau Capel Seilo, Llandudno ar y Sul.

Bu fy mam yn athrawes yno am ryw chwe blynedd, yn hapus iawn. Ond nid dewis hawdd i ferch oedd dilyn gyrfa fel athrawes yn y tridegau. Gyda diweithdra ar gynnydd, roedd deddf yn gwahardd rhoi swyddi i wragedd priod. I gadw'i swydd, roedd yn rhaid iddi aros yn sengl. Byddai wedi gwybod o'r cychwyn, cyn dewis mynd i goleg athrawon, bod y cyfyngiad afresymol yma arni. Mae'n anodd dychmygu'r tensiynau mewn carwriaeth o dan y fath drefn.

Wedi chwilio manylion yr achau, dyddiadau y tystysgrifau, mae lle i gredu y bu rhywfaint o frys ar fy rhieni i briodi. Hawdd oedd deall y basa'r pellter daearyddol rhyngddyn nhw wedi ei gwneud hi'n anodd i fod yn drefnus yn nhridegau'r ganrif. Trwy lythyr y byddai pawb yn cadw mewn cysylltiad. Byddai Nhad hefyd ynghlwm â'i ddyletswyddau band yn Lloegr. Ym mis Ebrill 1935 roedd Emlyn yn Llundain yn chwarae gyda'r band i'r BBC Home Service; hanner awr o gyngerdd o ganeuon Irving Berlin, a deuawd trombôn ac ewffoniwm, 'Watchman, What of the Night?'. Daeth adra i weld Joanna ym mis Mai. Ym mis Mehefin a thrwy'r haf, roedd o'n ôl yn teithio efo'r band, i Southport, Scarborough,

Harrogate, a Manceinion. Erbyn Gorffennaf, mae'n rhaid fod Joanna wedi sylweddoli fod priodi ei chariad bellach yn fater o frys, a bod ei gyrfa fel athrawes ar ben am y tro. Dwi'n siŵr y byddai hi, 'Joanna Arwelfa', wedi rhannu ei phryder gyda'i ffrind, 'Joni Angorfa'. A gafwyd adlais o hynny yn ei ddrama *Ac eto nid myfi…?*

Erbyn diwedd mis Hydref '35, roedd Nhad yn ôl yng Nghymru, i briodi Mam yng Nghapel Brynrhos, y Groeslon, 'yn ôl defodau y Methodistiaid Calfinaidd'. Daeth brawd bach fy nhad, Huw Idris, a Nel, chwaer fawr fy mam, i fod yn dystion. Yn ystod angladd fy mam, yn agos i ddeng mlynedd ar hugain yn ddiweddarach, dywedodd ei brawd, f'ewyrth Idwal, wrth Mari fy chwaer, "Fasa dy fam wedi medru gwneud llawer gwell na phriodi dy dad." Dim ond dyn sy'n dal hen ddig fasa'n medru dweud peth felly. Mae'n glir fod rhywfaint o anniddigrwydd ymysg y teulu, o weld Joanna, yn gorfod aberthu ei gyrfa i fynd i ddilyn Emlyn Jones y bandiwr, i Loegr bell.

Roedd ei thad yn flaenor ym Mrynrhos, yn cadw'r tŷ capel, ac yn fab i Ellen Owen, 'Grugan Arfon', a gyhoeddodd ei llyfr *Merched Enwog Cymru*, i gofio ein 'Cymruesau gwiwgof', ac i'n cysuro, wedi'r Llyfra Gleision, 'na raid fod ar Gymru gywilydd o'i merched'. Roedd Robert Owen yn ddyn o egwyddor, yn rhydd ei feddwl a chadarn ei farn. Dwi'n teimlo'n reddfol y bydda fo wedi rhoi cefnogaeth i'w ferch er, efallai, yn drwm ei galon. Roedd fy mam wedi ei chodi ar aelwyd ddirwestol. Byddai fy nain yn llywyddu cyfarfodydd dirwest y Temlwyr Da yng Nghapel Brynrhos. Gresynu fyddai hi yn siŵr, o weld ei merch yn dewis gŵr o blith 'dynion y cyrn a'r cwrw'.

Rhamant, stori o gariad ydy hon; fy mam yn gwylio Nhad yn gorfod dewis cerdded o'r ysgol i'r chwarel, ac yn ennill gyrfa iddo'i hun fel cerddor; hithau'n dewis galwedigaeth oedd yn ei gorfodi yn annheg i aros yn ddibriod; eu carwriaeth hir, yn erbyn y ffactore; a'r briodas fach a brysiog yng Nghapel Brynrhos. Pan ddaeth fy chwaer Shân i'w bywydau yn Chwefror 1936, fe ddaeth â'i llawenydd gyda hi. Ond er mor ddedwydd eu byd, tybed a wnaeth amgylchiadau'r briodas fagu rhyw swildod yn fy mam ar brydia?

Er mor weithgar yr oedd hi yn gyhoeddus, yn y capel, yr Urdd, a'r ysgol, fe fyddai fy mam yn osgoi mynd i'r dre i siopa. Roeddan ni'n byw dros y ffordd i siop 'Wiliams Post', ond fuo hi erioed trwy'r drws. Pan fyddai hi angen côt ora newydd, byddai Shân yn mynd i siop Bonne Marche yn y dre, ac yn pigo dwy gôt i ddŵad adra. Mi fyddai Mam wedyn yn dewis un o'r ddwy i'w chadw. Ond er gwaetha'r swildod yma, ar un diwrnod y flwyddyn, byddai Mam yn treulio'r dydd yn siopa'r dre, i brynu anrheg Nadolig i bob un o'i disgyblion. Roedd hi'n athrawes arbennig o ymroddgar. Dro'n ôl, digwyddais gyfarfod un o gyn-ddisgyblion yr ysgol fach. Roedd ganddi feddwl mawr o fy mam, ac roedd hi'n cofio sut y gofalodd hi am un plentyn yn y dosbarth oedd yn araf ei feddwl: "Roedd 'ych mam wedi trefnu, bob amser, iddo gael pethau oedd o fewn ei allu i'w gwneud, a dim ond ar ôl i ni adael 'rysgol wnaethon ni sylweddoli mor araf ei feddwl oedd ein ffrind."

Yn gynnar yn fy arddegau, dechreuodd Mam waelu. Mi gofia i fel y byddai hi'n dŵad adra o'r ysgol wedi ymlâdd ar ôl diwrnod o waith, yn rhynnu, ac yn ista ar ben y tân hyd at losgi i geisio cynhesu. Wedi profion gwaed, aeth fy nhad â hi i Lerpwl i weld yr arbenigwyr. Yn fuan wedyn aeth eto i Lerpwl, i gael y trallwysiad gwaed cyntaf.

Y pendics

O'N I'N DDEUDDEG oed, ac roedd hi'n ganol bora yn yr ysgol, pan deimlais boen yn fy mol, a hwnnw'n gwaethygu. Galwyd fy nhad o Ysgol Frondeg, i ddŵad i'm nôl. Adra â ni, a finna'n gwingo mewn poen. Dros banad o de (yr ateb i bob trybini), dyma Nhad yn twt-twtian, "Twt lol, dipyn bach o wynt sy' gin ti, siŵr." Ac yn ôl yr aeth o â fi i'r ysgol. Erbyn ganol pnawn bu rhaid galw ambiwlans. "Ma nhw am fynd â chdi i Fangor i dynnu dy bendics."

A dyna gychwyn wythnos bleserus iawn, ar wahân i ambell dwinj. Y peth gwych oedd 'mod i'n cael gorwedd ar fy ngwely trwy'r dydd, efo potal fawr o Lucozade a grêps, a chlustia ffôn i wrando ar y radio, oedd yn sownd ar ffrâm y gwely. O'n i wrth fy modd yn cael gwrando ar holl raglenni'r Home Service: o *Housewives' Choice* y bora, y *Morning Story*; *Workers' Playtime*; *Seiat y Naturiaethwyr*; dramâu'r prynhawn, a thrwy raglenni'r hwyr, hyd at farddoniaeth ryfedd y *Shipping Forecast* a nos da yr *Ebb Tide*. Hyd heddiw, mae'n well gen i'r radio. Mae'r teledu yn dwyn ein sylw, ond dim ond ei fenthyg mae'r radio, sy'n ein rhyddhau i fyw'n bywyda wrth wrando, ac i greu'r darlunia yn ein dychymyg.

Mi fyddwn i'n clywed, hefyd, riddfanau yr hen ŵr oedd yn y gwely nesa ata i. Roedd o mewn poen garw, a thrwy'r bylcha yn y cyrtans roeddan nhw'n amlwg yn gwneud rhyw betha ofnadwy iddo fo, a fynta'n gweiddi'n groch, a'i afl ar led. Roedd o'n mynnu 'ngalw fi'n 'Defi bach', oedd yn iawn efo fi. Yn y nos gwaethygodd, a deuai ambell waedd o'r cyrtans ataf i, "Defi! Be 'di'r gola mowr yna?" Erbyn bora wedyn, roedd y gwely'n wag. "Wedi'n gadal yn y nos, 'rhen griadur," meddai'r nyrs.

Daeth hogyn fymryn hŷn na fi i'r gwely gwag hwnnw. 'Pendics' oedd arno fo hefyd. Flynyddoedd lawer wedyn mi wnaethon ni daro ar ein gilydd eto. Chwilio roeddwn i am hen dŷ ffarm efo olwyn ddŵr ar ei dalcen, ar gyfer ffilm *Un Nos Ola Leuad*. Glywson ni fod yna un felly yn Rhyd-ddu, ar lethrau'r mynydd uwchben Llyn y Gader. Aethon ni draw am sbec, ac oedd, roedd gweddillion hen olwyn felin a'i chafn yn sych, ar dalcen tŷ ffarm, a dim wedi newid yn y lle ers degawdau. Roedd y tŷ yn wag, ond mewn cyflwr digon da i'w ddodrefnu, ac i saethu'r golygfeydd yno. Ond roedd cryn bryder wrth i ni aros i gyfarfod y perchennog; gŵr gofalus o'i betha yn ôl y sôn, fyddai'n siŵr o edrych yn hir ar unrhyw gais gan bobol od fel ni. Doedd y cymdogion ddim yn obeithiol iawn.

Dacw Land Rover yn cyrraedd, a dau gi ac un dyn yn dringo ohono. Dyma fi'n clirio fy llwnc a chychwyn ar fy nghrafu i gael yr hawl i saethu. Daliodd ei law i fyny i fy atal, a gwyrodd ymlaen i graffu arna i, fel 'swn i'n hwrdd yn y mart, a dyma fo'n gofyn,

"Golloch chi'ch pendics 'rioed?"

"Wel do," meddwn inna, "ond ymhell yn ôl, pan o'n i'n hogyn ysgol."

"Fi oedd yn y gwely nesa i ti," medda fo. "Gwna be leci di yma!"

A dyna fi a fynta yn ti a thitha wedyn, wrth ysgwyd llaw. Ac mi o'n i'n ei gofio'n iawn, y ddau ohonon ni wedi ein pwytho, ond yn cael hwyl efo'n gilydd yn cael gwneud Ofaltîns yng nghegin y ward. Dim ond un o hanesion rhyfeddol mynd i'r afael ag *Un Nos Ola Leuad* oedd hwnnw.

Mi ddois adra o'r hosbitol wedi syrthio mewn cariad â'r radio, ond yn aros amdana i, roedd syfrdan hollol wych y teledu.

Arwyr estron

DOEDD GAN FAWR neb oeddan ni'n nabod hyd yn oed deliffon, heb sôn am deledu. Dim ond byddigions, pobl Ala Road, oedd efo 'telifishyn', oedd mor newydd fel nad oedd ganddon ni ddim gair Cymraeg amdano fo. Bu cystadleuaeth yn y papur newydd i'w fedyddio. Roedd Nhad wedi rhoi cynnig arni, ac wedi awgrymu, gyda phawb arall call, mae'n siŵr, y 'teledydd'. Wfftio wnaeth o pan gyhoeddwyd y buddugol: y 'teledu'. Berf oedd hwnnw, yn ôl Nhad. Mi fydda i weithia yn cyfeirio at y 'teledydd' yn tŷ ni, ar ei ran. Fesul un o'n cwmpas ni, roeddan ni'n sylwi ar yr erials yn codi ar y toeau. Mi fyddwn i'n rhedeg i'r tŷ gyda'r newyddion, "Mae Jenkin Ifans, Talbot, wedi cael telifishyn!" Ac mi fyddwn i'n swnian, "Pam na chawn ni delifishyn hefyd, 'fath â pawb arall?"

Ac mi ddaeth o'r diwedd. Roedd Shân wedi cael gwahoddiad i fynd i ganu ar raglen y BBC yn Llundain, *All Your Own*. Cyfres am ddoniau'r ifanc oedd hon, a'r Cymro o Fangor, Huw Wheldon, oedd yn cyflwyno. O'r diwedd dyna reswm digon da i ni gael teledu. A finna'n dal efo pwythau'r llawdriniaeth yn fy mol, mi ges yr hawl i orwedd ar y soffa, a gwylio hynny leciwn i. Ond gwan iawn oedd y signal ar y 'Pye'. Prin y gallech chi weld fawr ddim, trwy gawod o eira'r letrigs. Prynwyd 'bŵstar' a drodd yr eira mân yn eira mawr. Dyma'r rhaglen yn dechrau, a dyna hi, Shân fy chwaer, yn pefrio, yn siarad ac yn canu 'Ar Lan y Môr' trwy'r eira trydanol ar y teledu! (Yn rhyfedd iawn, roedd Jimmy Page, gitarydd a sylfaenydd Led Zeppelin, 'run oed â fi, ar yr un rhaglen, yn chwarae'r gitâr mewn band sgiffl. "Mamma don' allow no guitar playin' in here. No more.")

Fe hawliodd y bocs ei le a'n sylw. Daeth â gwerthoedd ac arferion cymdeithasol newydd i ni, nad oeddan ni'n gwbl gyfforddus â nhw. Os byddai rhywun ar y sgrin yn codi gwydr o'r ddiod gadarn, byddai fy nain yn siŵr o ddweud, "Dipyn bach gormod o hyn sydd." Hoff fotwm fy mam oedd y nobyn 'Off'. Roedd hi'n ei weld yn estronol ac yn ddylanwad drwg, ac mi fyddai hi'n trio peidio gadael i ni wylio gormod. Erbyn canol y pumdegau, roedd y teledu mewn llawer i gartref wedi disodli'r radio. Trodd pawb oddi wrth y tân, i syllu ar y bocs yn y gornel. Erbyn y chwedegau, roedd dyfodiad y gwres canolog wedi diffodd y tân hwnnw'n llwyr, a dyna ddiwedd ar yr aelwyd Gymreig draddodiadol.

Daeth canu pop ar y teledu, y *Six-Five Special* ar y BBC, ond roedd yn well gen i *Oh Boy!* ar ITV; hanner awr o fiwsig gora'r dydd, sêr fel Billy Fury, Marty Wilde, Cliff Richard a Lord Rockingham's XI. Yn sydyn roeddwn i'n arddegwr. Y record gynta i mi ei phrynu oedd *Sweet Little Sixteen*, Chuck Berry. Ond Elvis oedd y Brenin. Roedd 'Heartbreak Hotel' a 'Hound Dog' yn syfrdanol, yn herfeiddiol. Mi wnes i smwddio transffyrs ddaeth efo'r *Melody Maker*, 'Love me Tender, Love me True', ar fy nghrys gwyn. Bu Nhad yn wfftio, a 'ngalw fi'n 'gadi ffan'. Sgwennais 'Jack Kerouac' mewn beiro ar gefn fy siaced yn ateb i hynny.

Mi ddes i'n ffan o Buddy Holly. Mi fedrwn i ganu 'Peggy Sue' gan higian 'run fath â fo. Es i at yr optegydd drws nesa i Siop Pwlldefaid, i gwyno bod fy ngolwg i'n pylu, a thrwy dwyllo yn y prawf mi ges i sbectol ffrâm ddu drwchus, yn union fel un Buddy Holly. Triais ei gwisgo y noson honno yn 'dre, y caffi a'r pictiwrs, ond wedi baglu a syrthio hyd y lle, bu rhaid ei thynnu. Hogyn gwirion iawn o'n i.

A 'Brawd Shân Emlyn' oeddwn i. Roedd fy chwaer eisoes wedi gwneud enw iddi hi'i hun, ac fel 'Brawd Shân Emlyn' roedd pawb yn cyfeirio ata i. Roedd hi'n hawddgar, a'i llais yn bur, ac roedd hi'n cynnal cyngherddau ledled y wlad, o festri'r capel i'r Royal Albert Hall. Erbyn i mi gyrraedd yr Ysgol Ramadeg, roedd hi wedi mynd i'r Academi Gerdd Frenhinol yn Llundain. Byddai'r portar yn y stesion ym Mhwllheli yn gofyn iddi bob tymor, wrth gario'i thelyn fawr i'r trên, "Ti 'di meddwl prynu picolo?" Enillodd wobr y coleg am ganu'r delyn, ac mi fyddwn i wrth fy modd yn cael mynd i'r parlwr i wrando arni'n ymarfer. 'Hydref' gan John Thomas oedd fy ffefryn. Cyfansoddwyr caneuon clasurol ysgafn a *lieder* oedd yn eu bri yn y blynyddoedd rheiny wedi'r rhyfel. Roeddwn i'n hoff iawn o 'Berwyn', gan D. Vaughan Thomas, 'Ynys y Plant', gan E. T. Davies, 'Paradwys y Bardd', gan Bradwen Jones, a 'Gwynfyd' a 'Cwm Pennant', Meirion Williams.

Un o Ddyffryn Ardudwy oedd Meirion, yn frawd i ficer Harlech, hwnnw a roddodd fenthyg y siôl i Siân Owen ar gyfer peintio *Salem*. Lle bynnag y trowch chi, mae 'na gysylltiadau yng Nghymru, pob dim yn sownd i'w gilydd rhywsut. Roedd i Meirion Williams ryw bresenoldeb arbennig ar faes eisteddfod, yn ei gôt gamel a'i sgarff felen. Ces aml feirniadaeth ganddo: 'Purdeb sain yn amlwg iawn, a thôn glir... Dylai'r brawddegau cerddorol gael mwy o fwa iddynt.'

Daeth cyfarfod arall rhyngof fi a Meirion Williams yn Hydref 1957. Wedi'r Eisteddfod yn Llangefni, cynhaliwyd cyngerdd o'r enillwyr yn Neuadd Cymry Llundain yn yr hydref. Chofia i fawr ddim o'r achlysur ond mi wnaeth cyfarfod Meirion Williams eto greu argraff arna i. Daeth i gyfeilio i mi, yn canu'r unawd 'Panis Angelicus', a bu sôn eto am ysgoloriaeth i ymuno â choleg corawl, a daeth broshyr o Goleg Clifton ym Mryste, lle'r oedd eto ysgol gorawl safonol, yn y gobaith o 'mherswadio i fynd yno, gan ei fod yn 'agosach'. Ond doeddwn i ddim isio bod yn hogyn oedd yn canu soprano. Ro'n i'n ysu i'r llais dorri, a phan fyddai neb o fewn clyw, mi fyddwn i'n gweiddi canu i drio'i dorri rhywsut, fel pe bai o'n llestr gwydr. Roeddwn i'n dyheu am gael gwared â'r 'llais peraidd' hwnnw oedd yn cael cymaint o sylw. Cafwyd cyngerdd yn yr ysgol adeg y Nadolig, a dyna lle'r o'n i eto, yn gorfod canu 'Say, where is he born?' gan Mendelssohn, yn angylaidd o flaen fy nghyd-ddisgyblion.

Daeth llythyr o Lundain oddi wrth Shân. 'Steddon ni i gyd i lawr i glywed Mam yn adrodd ei hanes. Roedd fy chwaer wedi cyfarfod Cymro ac wedi derbyn gwahoddiad i fynd efo fo i ginio Dydd Gŵyl Dewi Cymry Llundain. Dyma lais fy mam yn codi. Roedd o'n fyfyriwr yn Rhydychen; Owen Edwards o Lanuwchllyn. Owen Edwards, o Lanuwchllyn, meddai hi eto, a chwifio'r llythyr at Nhad, oedd yn gweld dim o'r arwyddocâd oedd yn cynhyrfu fy mam. Roedd hi wedi bod yn aelod ffyddlon o'r Urdd o gychwyn y mudiad, ac yn gwybod holl hanes y teulu blaengar. Ac yn wir, ŵyr yr Owen Edwards hwnnw oedd yr Owen Edwards yma! Daethon nhw'n gariadon a bu priodas fawreddog yng Nghapel Penmownt, gyda gosgordd o blant Aelwyd yr Urdd yn chwifio baneri'r Ddraig Goch a'r Urdd, a marchogion y byd academaidd yn bresennol. Mi ges fy siwt gyntaf, a thei *paisley* melyn.

Aeth Shân ac Owen i fyw yn Aberystwyth, lle'r oedd Owen yn cychwyn gwaith yn y Llyfrgell Genedlaethol, cyn i'w alluoedd disglair ei dywys i fyd darlledu. Roedd yn ddarlledwr wrth reddf, yn edrych yn dda ar gamera, yn graff ei feddwl ac yn hawddgar gartrefol ym mhob cwmni. Dechreuodd gyflwyno'r rhaglen *Dewch i Mewn* o Fanceinion, o dan y drefn od oedd yn bodoli am gyfnod, pan fyddai Teledu Granada a TWW yn rhannu dyletswydd i gynhyrchu rhai rhaglenni Cymraeg. Daeth y drefn honno i ben pan gychwynnodd oes fer Teledu Cymru.

Roedd Shân yn dal i ganu, ac yn 1958, fe wnaeth record i gwmni Qualiton gyda 'Hiraeth' ar un ochr, a 'Marwnad yr Ehedydd' ar y llall. *Shellac* 75 rpm ddefnyddid bryd hynny. Deunydd naturiol wnaed o resin rhyw bryfyn oedd *shellac*, yn fregus iawn, fel y gwn i; mae f'un i yn deilchion. Datblygwyd feinyl yn y tridegau, yn wydn ac yn rhad, yn addas i'w wasgu yn recordiau sain. Yn 1959 cafodd Shân gyfle i recordio ar y feinyl, gyda 'San Francisco' ar un ochr, ac 'Ar Lan y Môr' ar y llall. O'n i'n hynod falch ohoni. Buon ni'n aros efo Owen a Shân yn Aberystwyth, a chafodd Mam gofleidio ei hwyres fach, merch gyntaf Shân, Elin Angharad. Mae'n gysur gwybod iddi fwynhau'r hapusrwydd hwnnw.

Colli ffrindiau

COLLI FFRINDIA FU fy hanes i dros y blynyddoedd ym Mhwllheli. Roedd y diweddar Emyr Preis, yr hanesydd, a'r awdurdod ar Lloyd George, yn gyfaill da i mi o'r ysgol gynradd a thrwodd i'n blynyddoedd cynnar yn yr Ysgol Ramadeg. Roedd o'n gricedwr da iawn. Un tro, mi gawson ni'r cyfrifoldeb o gadw'r sgôr i gêm rhwng Pwllheli a Phorthmadog. Fi oedd yn cadw'r bwrdd sgôr, ac i Emyr y rhoddwyd y cyfrifoldeb uwch o gadw'r llyfr. Ar ddiwedd y dydd, roedd y bwrdd sgôr yn dweud un peth ond y llyfr yn dweud rhywbeth gwahanol. Roeddwn i wedi drysu yn fy rhifau. Am ryw ychydig funudau poenus o embaras, doedd neb yn siŵr iawn pwy oedd wedi ennill.

Yn y drydedd flwyddyn fe aethon ni'n dau i helynt yn y wers Gymraeg. Gofynnodd ein hathrawes, Mair Jones, i ni sgwennu erthygl o newyddiaduraeth ar ryw fater o bwys. Dewisodd Emyr a fi yr un pwnc llosg, helynt y parti Nadolig. Fe gynhaliwyd 'social' Nadolig yn yr ysgol y flwyddyn honno, i ddisgyblion y chweched dosbarth. Bu rhai o'r gwyddonwyr ifanc yn greadigol iawn, yn paratoi diodydd meddwol, coctels, o'r alcohol pur oedd yng nghwpwrdd y labordy cemeg. Roeddan nhw'n feddw iawn mewn byr amser. Aeth yr hanes i dudalennau'r *News of the World*, a dwyn gwarth ar yr ysgol, a thref Pwllheli. Fe gafodd y drwgweithredwyr eu cosbi a'u diarddel am gyfnod. Aeth hanes y parti i sgript *Stormydd Awst*.

Mi gofia i y frawddeg aeth â fi i drybini: 'Ychydig a wyddai'r disgyblion dyfeisgar y byddent yn dawnsio o dan chwip cansen y prifathro cyn y daethai'r parti Nadolig "gwaradwyddus" hwnnw i ben!' Roedd Emyr wedi ysgrifennu rhywbeth miniog tebyg. Fe'n galwyd gerbron Miss Mair Jones. Cawsom gerydd am fod yn feiddgar, ond yn garedig, ac wedi gair neu ddau am sensoriaeth, bu raid i ni rwygo tudalennau yr erthyglau ymfflamychol yn ofalus o'n llyfrau. Mi ges siom o gael drwg gan hoff athrawes, am i ni fentro'n onest at y dasg o feddwl fel newyddiadurwyr. Pasiodd y cwmwl heibio. Roedd Mair Jones yn aelod o Gymdeithas Gerdd Cricieth, ac fe ges wahoddiad ganddi i fynd i gyngerdd cerddoriaeth siambr yno. Gyrrodd fi yno yn ei char Morris Minor. Rhag 'mod i'n creu unrhyw gamargraff, dwi'n pwysleisio fod athrawon da, ymroddgar yn yr ysgol – y drefn oedd yn fwrn arnom ni oll.

Symudodd Emyr i Ysgol Eifionydd pan aeth ei dad i weithio i'r gwaith dŵr yng Nghwm Stradllyn. Wnaethon ni ddim cyfarfod am flynyddoedd wedyn. Digwyddodd hynny ar noson y cyngerdd rhyfedd hwnnw, pan ddaeth Gerry and the Pacemakers a Billy J. Kramer i Neuadd Goffa Cricieth. Yn rhannu'r postar efo'r sêr roedd y tafleisiwr, Glyn a Taid (Glyn Foulkes Williams 'with Grandfather'), a Dino and the Wildfires, ein grŵp lleol. Rhyfedd o fyd. A Dino (Eirwyn Pierce o Drawsfynydd) gafodd y croeso mwyaf gan y dorf. Ac maen nhw'n dweud mai ar y noson honno y clywodd Gerry Marsden y gân 'You'll Never Walk Alone' am y tro cynta. Roedd hi'n un o hoff ganeuon Dino, ac yn ffefryn efo'r ffans, a gofynnodd Gerry iddo fo am y cordia.

Fy ffrind pennaf o'r blynyddoedd cynnar yn yr Ysgol Ramadeg oedd William Roger Jones. Roedd Wil yn fab i Elen Roger Jones, yr actores, ac yn nai i Huw Griffith, yr actor enwog. Roedd fy mam ac Elen yn ffrindia o'u

dyddiau yn y cwmni drama yn y Coleg Normal, a daeth gwahoddiad i ni fynd i'w gweld yn Abersoch, lle'r oedd tad Wil newydd gael swydd fel rheolwr banc. Yng ngwyliau'r haf yr oedd hynny, ac mi dreulion ni amseroedd braf iawn efo'n gilydd ar draeth Abersoch, cyn i'r lle fynd yn dagfa o estroniaid cyfoethog. Roedd Wil yn chwarae'r clarinét yn dda iawn, a buan y daethon ni'n dau'n gyd-aelodau o gerddorfeydd ieuenctid yr ysgol, y sir, a'r Gerddorfa Genedlaethol. Mi fydden ni'n cael hwyl yn chwarae darnau fel trio modernaidd Darius Milhaud, i'r ffidil, y clarinét a'r piano. Mi fydden ni'n cael yr un hwyl wedyn yn ista wrth y piano i chwarae caneuon fel 'At the Hop', gan Danny and the Juniors. Ond mynd o blwy i blwy mae rheolwyr banc, fel gweinidogion Wesleaidd, ac fe symudodd y teulu i Amlwch. Dim ond ar gyrsiau'r cerddorfeydd y bydden ni'n cyfarfod wedyn.

Yn 1957, daeth yr Eisteddfod Genedlaethol i Langefni. Enillais yr unawd i fechgyn dan 16 yno, ond mwy cofiadwy oedd cyfarfod Wil ar y Maes, gyda'i ewyrth, yr actor byd-enwog Huw Griffith, un o sêr y sgrin fawr. Gwasgodd hanner coron yr un i'n dwylo. Roedd newydd orffen ffilmio'r gomedi *Lucky Jim*, ac o fewn blwyddyn

83

byddai'n cychwyn gwaith ar yr epig feiblaidd *Ben Hur*, ac yn ennill ei Oscar. Oes aur yr epig oedd hon, a'r capelwyr yn chwyddo cynulleidfaoedd ffilmiau fel *The Robe*, *The Ten Commandments*, a *Samson and Delilah*. Roedd epig arall ar droed yn Llangefni. Rhoddwyd comisiwn i Cynan ysgrifennu drama fydryddol ar gyfer yr Eisteddfod. Drama ar raddfa sinemasgopaidd oedd *Absalom fy Mab*, i'w pherfformio yn Neuadd y Dre Llangefni.

Rhoddwyd y dasg o gyfarwyddo'r anghenfil o gynhyrchiad yma i Wilbert Lloyd Roberts. Ceisiwyd rhybuddio Cynan nad oedd digon o gyllideb i dalu cwmni proffesiynol, ac y byddai llwyfannu ei ddrama yn ormod o faich ar unrhyw gwmni drama amatur. Methwyd darbwyllo'r dramodydd. Aeth pethau'n ddrwg rhwng y cyn-Archdderwydd a'r rhai o ychydig ffydd. Mae Hywel Gwynfryn wedi adrodd yr hanes yn ddifyr iawn. Hywel oedd i actio y bachgen Meffiboseth. Roeddwn i a Mam yn y gynulleidfa i weld fy nhad yn actio rhan Ahitoffel, cynghorydd y Brenin Dafydd. Pan wrthodwyd ei gyngor, aeth 'rhen Ahitoffel allan i'r ardd i grogi ei hun. Gadawodd y llwyfan gyda llinell ymadael gofiadwy, un y byddai fy nhad yn cael hwyl yn ei hailadrodd pan fydda fo'n mynd trwy'r drws cefn i'r ardd yn tŷ ni, yn llais argoelus Ahitoffel, "Mae'n oerach, yn yr ardd".

Yn adleisio'r ffraeo eisteddfodol, fe dorrodd storm Awst fyddarol uwchben Llangefni; diffoddwyd y goleuadau yn yr act gyntaf, a diflannodd Cynan yng nghri'r ystormus wynt yn yr ail, wedi sorri'n bwt efo pawb, ac yn teimlo, mae'n siŵr, fod hyd yn oed yr elfennau yn ei erbyn. Roedd ei freuddwyd, ei *magnum opus*, yn deilchion. Mae gen i bob cydymdeimlad efo fo. Pan mae trên dychymyg ar ras wyllt yn hitio byffars realaeth, mae'r canlyniadau yn boenus a chyhoeddus iawn.

Traeth anobaith

ERS PAN OEDDWN i'n hogyn bach, roeddwn i wedi cael pylia o bryder dwfn; yr ymosodiadau panic. Medrwn ei deimlo, fel tirlun o hagrwch sgythrog, yn finiog a chas, yn cau amdana i. Glyn Cysgod Angau o'n i'n ei alw fo, er na soniais air amdano wrth neb.

Rhywbryd yn nhymor yr haf, 1960, a finna'n codi'n un ar bymtheg oed, pentyrrodd y pryderon yn argyfwng. Er nad oeddwn i wedi cyfadde i mi fy hun, na thrafod efo neb arall, roeddwn i'n ofni fod fy mam yn marw. Roedd ei salwch yn dyfnhau rhyw euogrwydd di-sail ynof fi. Roeddwn i'n llusgo baich o edifeirwch am y tramgwydd lleiaf, ac am bob bychan siom. O'n i'n gwegian dan bwysa iseldra; wedi colli fy ffrindia; ac yn anhapus dan drefn yr ysgol. Ond fe ddeuai yr ymchwydd o ofn o rywle llai penodol, o grochan dychrynllyd o bryderon yr isymwybod.

Un bora, ar fy ffordd i'r ysgol, rhywle ar y cob hir oedd rhyngof fi a gweddill y byd, fe sefais. Roedd hi'n ddiwrnod braf, ond roeddwn i yn llygad y storm. Trois yn ôl am adra. Fedrwn i ddim cario 'mlaen.

Digon yw dweud y cafodd Nhad fraw o sylweddoli mor fregus oeddwn i. 'Steddon ni'n dau wrth fwrdd y gegin, yn troi'n llwya yn ein cwpana te, yn chwilio am y geiria. Doedd y genhedlaeth honno'n gwybod dim ond am un ffordd: 'Bydd yn wrol, paid â llithro, er mor dywyll yw y daith'. Prif bryder fy nhad oedd na ddylai Mam gael dioddef unrhyw boen meddwl ychwanegol, ac mai gwell

85

fyddai peidio sôn gair am fy argyfwng. Doeddwn inna ddim am fod yn achos poen meddwl i Mam. Rhoddwyd y caead i lawr yn dynn ar bopeth. Es i'r ysgol at y pnawn, gyda baich euogrwydd yn drymach, o fod yn bryder i Nhad, ac o fod wedi dangos gwendid, ond wedi tyfu haen arall o ddygnwch.

Gwaelodd Mam drwy aeaf 1961, ac erbyn gwanwyn 1962, roedd hi'n gaeth i'w gwely. Yn gynnar un bora Sadwrn, ym mis Mehefin, daeth Nhad i'm deffro. "Mae'r ledi fach wedi'n gadael," meddai. Roeddwn i'n fud. Fedrwn i ffendio 'run deigryn. Aeth Nhad â fi i weld fy mam am y tro ola. Niwlog fu'r dyddia wedyn, o fynd a dod, rhyw brysurdeb sibrydol tu ôl i'r llenni. Es i gerdded y traeth hwnnw.

Wedi'r angladd, â phob emosiwn yn dal dan glo, sefais arholiadau Lefel A, yn fecanyddol, heb unrhyw baratoi, a daeth yr haf hir wedyn, a finna'n gwybod cyn cael y canlyniadau fy mod i am siomi pawb. Rhywsut cefais A mewn Cerddoriaeth a B yn Saesneg, ond roeddwn i wedi methu pasio Hanes. Doedd hynny ddim yn syndod; ro'n i wedi syllu'n freuddwydiol ar y dudalen wen am awr cyn cychwyn, ac wedi gorfod ei adael ar ei hanner.

Aeth fy ffrindia i'w colegau, a dyfnhaodd fy iseldra wrth ffarwelio â nhw. Doedd dim o 'mlaen ond y 'gwarth' o orfod aros yn y chweched dosbarth am drydedd flwyddyn. Peth diarth a chwerw i mi oedd methiant. Daeth ergyd arall wedyn, pan gyhoeddodd fy nhad ein bod ni'n symud i Fangor, wedi iddo dderbyn swydd fel darlithydd yn y Coleg Technegol. Roedd wedi ymgeisio am y swydd cyn marw fy mam, ac roeddan ni'n dau'n gwybod y byddai hi am iddo ei derbyn. Ym mis Awst roedd o'n chwilio am dŷ i ni ym Mhorthaethwy. Dewisodd fyngalo yno, yn y Gors Goch, a'i enwi yn 'Gwenallt' ar ôl hen gartref teulu fy mam.

Priododd fy chwaer Mari ei chariad, Emlyn Williams o Gricieth. Doedd dim ond ni'n dau ar ôl wedyn, fi a Nhad, dau ar goll, mewn tŷ oedd yn wag a digysur.

Gadael Pwllheli

GADAWSON NI BWLLHELI ar ddechrau Rhagfyr oer 1962–63, mewn storm o eira, a chael Gwenallt, yn y Gors Goch, yn llawn dŵr. Roedd y pibellau wedi rhewi a chwythu wedi'r oerfel. Yn ffodus, roedd yr hanesydd cymwynasgar Cyril Parry yn byw dros y ffordd, a chawsom groeso i dreulio noson neu ddwy yno tra oedd ein carpedi'n cael eu codi, y pibellau'n cael eu trwsio, a'r tŷ yn sychu rhyw ychydig. Roedd ein Nadolig yn rhynllyd a llaith yn y Gors Goch, a doeddwn i'n nabod neb ym Mhorthaethwy. Doeddwn i ddim wedi chwarae fy ffidil ers colli fy mam. Daeth gwahoddiad i fi fynd eto i gwrs cerddorfa'r Sir yn Hydref '62. Fe wrthodais. Roedd y ffidil yn y to. Roeddwn i wedi colli fy angor.

Dros y ffordd, roedd Ysgol Syr David Hughes, ac i fanno yr es i am ddau dymor, i sefyll yr arholiad Hanes am yr eildro. Roedd hon yn ysgol fwy o lawer nag Ysgol Pwllheli, a buan y gwnes i sylweddoli na fasa neb yn gweld fy ngholli yno. I Fangor yr awn i yn y bora, i dreulio'r dydd yn loetran a hel meddylia yn y caffis, a mesur y dydd mewn cwpaneidiau.

Roedd yna gaffi yn y pentra hefyd, ac un diwrnod pasiwyd gitâr i mi gan un o'r hogia yno. Doeddwn i ddim wedi chwarae gitâr o'r blaen, ond dyma fyseddu dipyn, dim ond pwt o alaw, gan nad oedd gen i 'run cord y medrwn i ei chwarae, ac yn wirion iawn, dyma nhw'n gofyn i mi fod yn gitarydd blaen grŵp y pentra. Gitâr rad, acwstig oedd hon gyda gwddw fel coes cadair, a picyp wedi'i sgriwio'n flêr i'w bol. Chofia i ddim beth oedd enw'r grŵp.

Ddaeth dim ohono, ond mi gymeron ni ran yn eisteddfod clybiau ieuenctid Môn, yng Nghaergybi. Meredydd Evans oedd yn beirniadu. Y gân ddewison ni oedd cân lipa Elvis Presley, 'Can't Help Falling in Love with You', a fi oedd Presley! Wn i ddim sut yn y byd y gwnaethon ni ddewis y gân honno. O holl gatalog Presley, mae hi gyda'r mwya llafurus, a diflas iawn i'w chanu ydy hi. Roeddwn i'n taro'r nodau i gyd, ond heb fawr o awch, a dim ond lled gywir oedd y cordia. Daethon ni'n drydydd, o dri.

Chofia i ddim sut y daeth y gitâr i aros yn fy meddiant wedi i'r band fynd i'r gwellt. Roeddwn i'n awyddus i'w chwarae'n well, a gwneud rhyw synnwyr o'i dieithrwch. Wnes i erioed ffurfio perthynas glòs gyda hi, fel y gwnes gyda'r ffidil; roedd ei chwarae yn gofyn am sgiliau gwahanol. Ond roedd cysur yn y chwarae i lenwi'r lle gwag lle bu'r ffidil. Fues i yn fy stafell, yn chwilio am y cordia trwy weddill yr haf hwnnw. Roedd y gerddoriaeth yn lleddfu pryderon. Hyn efallai oedd hanfod yr ysfa i greu. A finna mewn darna, roedd boddhad i'w gael o lunio rhywbeth oedd yn gyflawn; o greu rhyw gywreinrwydd o 'ngofidiau. Ddaw y perffeithrwydd hwnnw fyth, wrth gwrs, ond mae gobaith yn parhau, yn fythol, ac yn ein cadw i fynd.

Yn ddoniol, un diwrnod, yn siop jips y Borth, clywais utgorn llais cyfarwydd, "Còd a tships i ddau! A halen a finag os gwelwch yn dda." Wrth f'ochr, roedd yr Archdderwydd Cynan, hwnnw fwythodd fy ngwallt yn Steddfod Pwllheli. Roedd yntau wedi gadael ei hen dre, a symud i fyw i Borthaethwy. Fe'i gwyliais yn rhodio ymaith, a'r pysgod mewn papur, yn gynnes dan ei gesail. Fe gofiais am hynny'n ddiweddar, wrth ddarllen *Rhagfarnau* Robyn Léwis, a chael ynddo hanes y parodi ar y delyneg 'Aberdaron' a gyflwynodd Erfyl Fychan i'r Archdderwydd:

Yr *wyt* yn hen a pharchus,
Mae arian yn dy god,
Mae pob beirniadaeth drosodd,
Mae pawb yn canu'th glod.
O, gad dy bysgod yn y *fridge*
A chân yn iach i Fenai Bridge.

Roedd Cynan wrth ei fodd, mae'n debyg.

Daeth Nhad a fi'n agosach at ein gilydd ym Mhorthaethwy. Roedd o'n siŵr o fod yn ddigalon ac yn unig fel finna. Fyddai 'run ohonon ni'n dau wedi mentro ymagor i sôn am hynny, wrth gwrs, ond roeddan ni'n araf yn ailddiffinio'r berthynas rhwng tad a mab. Mi fyddwn i'n cael benthyg y car ar nos Sadwrn i fynd i Fangor, ond wnes i ddim mwynhau'r nosweithia hirion gwlyb ac unig yno. Os awn i i'r Glôb, mi fyddai myfyrwyr y Brifysgol yno, a'u hwylia'n llawn, a finna'n dal yn hogyn ysgol, ac os awn i lawr i'r British, 'run rhialtwch colegol oedd hi'n fanno. Mae'n ddrwg gen i, Fangor, ond yn fy nhrallod, fel'na dwi'n dy gofio; Bangor, tre un stryd, a honno'r hira yn y byd. Ond cysur, yn y glaw, oedd syllu ar y gitâr drydan yn ffenast siop County Records. 'Gretsch White Falcon' fawr oedd hi, yn wen ac yn aur, tyllau 'ff' fel ffidil yn ei bol, un cytawê, dau bicyp a phlygwr tremolo Bigsby.

Pan ddown i adra, mi fyddai Nhad wedi cadw hanner ei stêc i mi, wedi ei choginio'n grimp, yn gorwedd yn oer ar haen o saim wedi ceulo, ond mi fyddwn i'n edrych 'mlaen ati, efo brechdan a phanad o de. Mi fydden ni'n dau yn ista lawr i fwynhau'r rhaglen ddychan newydd, *That Was the Week That Was*. Doedd 'run ohonan ni wedi cael stêc o'r blaen; fasa fy mam ddarbodus ddim wedi meddwl gwario ar beth felly. Clywais gan ffrind iddo weld fy nhad yn yfed glasiad o gwrw yn yr Antelope ar gyrion Bangor. Roeddwn i wedi synnu. Roedd Nhad yn dechrau torri'n rhydd o ddirwest a chymedroldeb fy mam.

Chwyldro'r chwedegau

O DRO I dro mi fyddwn i'n mynd yn ôl i Bwllheli i fwrw'r Sul, at Mari fy chwaer. Daeth dwy ferch fach iddi hi ac Emlyn, Bethan a Delyth, a chwmni gwych oeddan nhw. Mae'r ddwy wedi etifeddu natur hawddgar, haelionus Mari. Rhyw nos Sadwrn, ddiwedd yr haf hwnnw, mi es i gyngerdd gan y band lleol, Dino and the Wildfires, yn y Drill Hall. Daeth baswr y band at y meic, Julian, oedd yn gweithio yn yr atomfa yn Nhrawsfynydd, i gyhoeddi yn ei Susnag Lerpwl, "Here's a song recorded by some friends of ours, from Liverpool. They're called the Beatles and the song's called 'Love Me Do'." Doedd neb wedi clywed unrhyw sôn am y Beatles o'r blaen. A dyna Eirwyn 'Dino' Pierce o'r Traws yn chwarae agoriad Lennon ar yr organ geg, a mynd ymlaen i ganu, 'Love, love me do, you know I love you.'

Yn y foment honno yn y Drill Hall ym Mhwllheli y cychwynnodd chwyldro y chwedegau i mi. Daeth 'Love Me Do' allan ar Parlophone EMI ym mis Hydref '62, a'r gerddoriaeth newydd yma, yn syml, amrwd a phwerus, yrrodd y newidiadau yn y gymdeithas, ym myd celf, ffasiwn a ffilm, ac mewn gwleidyddiaeth. Yn yr un flwyddyn daeth argyfwng niwclear Cuba i'r byd, a darlith radio Saunders Lewis ar Dynged yr Iaith yng Nghymru, ac fe ddaeth *Un Nos Ola Leuad*, yn anrheg pen-blwydd i mi, yn ddeunaw oed. Fe'i darllenais ar un eisteddiad, o glawr i glawr. Roedd y nofel yn llawn pryderon ro'n i'n eu nabod, ond yn rhy dda.

Yn y tŷ newydd ym Mhorthaethwy, roedd y teliffon wedi ein cyrraedd, un hufen ei liw, ar yr hen ddresal. Mi ganodd. Cynhyrchydd o'r BBC yng Nghaerdydd oedd yno, eisiau fy holi.

"Rydan ni'n chwilio am rywun i ddod ar y rhaglen pan ddown i Fangor, i drafod y mudiad canu protest, a 'dan ni wedi clywed eich bod yn gwybod llawer am y pwnc."

"Wel, rhyw gymaint," meddwn i, heb fawr o syniad amdano.

Disgwyl Cwmni oedd y rhaglen, sioe sgwrs oedd yn cael ei chyflwyno gan Lady Amy Parry-Williams, ac Ednyfed Hudson Davies. Doeddwn i erioed wedi cyfarfod Ednyfed, er ein bod yn perthyn o bell drwy ryw gysylltiad ym Mhenmynydd, Sir Fôn. Un craff ei feddwl ac eang ei ddiddordebau oedd o: yn academydd; yn fargyfreithiwr; yn ddarlithydd mewn gwleidyddiaeth; yn hynod ddeallus, trwsiadus, a chyfforddus ym mhob cwmni. Cafodd ei ethol yn Aelod Seneddol yn 1966.

Dyma ddarllen bob dim medrwn i am ganu protest. Rhywbryd yn y cyfnod cynnar yma yn ei hanes, roeddwn i wedi gweld Meic Stevens ar raglen *Heddiw*, yn ei glogyn ac o dan yr het gantal-lydan ddu, efo'i batryma byseddu gwerinol, celfydd, yn canu dan deimlad yng Nghymraeg Solfach. Doeddwn i ddim wedi gweld na chlywed ei debyg o'r blaen. O'n i'n falch o gael mynd i Neuadd Pritchard-Jones ym Mangor i sôn amdano fo a Bob Dylan, a'u gosod ochr yn ochr â'i gilydd. Hwn fyddai fy ymddangosiad cyntaf ar y bocs. Dwi ddim yn cofio bod yn nerfus wrth weld y clwstwr o wageni, y peiriannau, y prysurdeb a'r ceblau. Ro'n i'n gweld y cyfan yn hynod ddiddorol. Wrth edrych 'nôl, faswn i'n dweud mai gwylio Meic Stevens yn canu yn Gymraeg ar *Heddiw* heuodd ryw had ynof i feddwl y gallwn i wneud hynny yn fy iaith fy hun. Tlawd iawn fasan ni oll heb yr hwb gafon ni gan 'y brawd Hwdini'. Ar ei orau roedd o'n ddigymar.

Tu ôl i'r dorth mae'r blawd

UN O'R PENILLION prydferthaf ddysgais i ar lin Mam oedd cerdd William 'Nantlais' Williams. Fe'i cenais yn llawen drwy 'mhlentyndod:

> Tu ôl i'r dorth mae'r blawd,
> Tu ôl i'r blawd mae'r felin,
> Tu ôl i'r felin draw ar y bryn
> Mae cae o wenith melyn.
> Uwch ben y cae mae'r haul
> Sy'n t'wynnu ar bob tywysen,
> Uwch ben yr haul mae Duw sy'n rhoi
> Y gwynt a'r glaw a'r heulwen.

O'n i hefyd, heb yn wybod i mi, wedi etifeddu yr un clefyd â fy mam. Dioddef oedd hi o glefyd Coeliac ddatblygodd yn 'anemia dinistriol'. Roedd hwnnw'n gyflwr angheuol bryd hynny. Cymerodd hi flynyddoedd i ni ddod i ddallt natur y clefyd Coeliac. Pwy feddyliai fod y drwg yn y bara, y bara beunyddiol? Fe ddeuai'r plateidiau o frechdanau at y bwrdd gyda phob pryd o fwyd. "Cofia fyta digon o frechdan," fyddai pob mam a modryb yn ei ddweud, gan gofleidio'r dorth a thorri tafell arall. Darganfuwyd y fitamin B12 yn ystod y pedwardegau, a bod yn rhaid i bawb ei gael i fod yn iach, a bod y gliwten yn y blawd a'r bara yn amharu ar yr elfen yn y cylla sy'n derbyn y B12 hanfodol.

Ro'n i'n sâl yn aml, yn llithro i dwymyn heb ddallt pam. Does dim iachâd llwyr i'w gael, ond gellir ei gadw draw trwy dderbyn pigiadau B12. Doedd hwnnw ddim ar gael i fy mam yn 1962. Ond o fewn dwy flynedd, yn 1964, fe enillodd Dorothy Hodgkin Wobr Nobel mewn Cemeg am ei gwaith yn dadansoddi'r anghenion biocemegol sy'n hanfodol i reoli anemia niweidiol.

(Daeth gwellhad i mi yn yr wythdegau. Wedi treulio rhai wythnosau yn y Dwyrain Pell, a mwynhau llawer gwell iechyd yno, dyfalais fod y newid bwyd wedi bod yn llesol. Es i holi'r meddyg. Ces brofion gwaed, a daeth y diagnosis fy mod i, fel fy mam, yn dioddef o glefyd Coeliac. Trwy gadw at y rheolau, osgoi y gliwten, a derbyn y pigiadau B12, dwi'n iach fel hen gneuen.)

Daeth canlyniadau fy ail arholiad Lefel A fel cawod law, ond yn ddim syndod i mi. Roeddwn i wedi treulio oriau'r arholiad Hanes, am yr ail dro, yn synfyfyrio, a chreu patrymau Celtaidd mewn inc ar strap fy watsh. Gyda fy A mewn Cerddoriaeth roedd gen i'r cyfle i astudio gradd Gerddoriaeth ym Mangor, neu fynd i unrhyw goleg hyfforddi athrawon. Penderfynais fynd i Goleg Addysg Caerdydd, heb wybod yn siŵr pam. Wedi fy ngaeaf hir o'r felan ar lannau'r Fenai, roeddwn i am ffoi.

Chwarelwyr Twll Coch yn 1926. Fy nhad yn eu plith, yn bymtheg oed.

Band Nantlle yn yr ugeiniau, fy nhad o dan y bowler, y trombôn cyntaf o'r chwith

'Joanna Arwelfa'

Fy mam yng ngwersyll cyntaf yr Urdd i ferched, 1931; yr ail o'r pen, ochr dde'r rhes gefn

Fy nhad yn brif drombonydd, Morris Motors Silver Band (rhes ganol, y pedwerydd o'r chwith)

A Gallery of Famous Players, I.

1. HAROLD JACKSON, Principal Solo Cornet, Black Dyke

2. HADYN R. ROBINSON, Principal Trombone, Black Dyke

3. ROWLAND JONES, Principal Euphonium, Black Dyke

4. B. THORNTON, Solo Cornet, Friary (Guildford)

5. GEORGE INGLE, Solo Trombone, Friary (Guildford)

6. FRED GARTH, Solo Euphonium, Friary (Guildford)

7. F. W. WOODCROFT, Solo Cornet, Crystal Palace Band

8. BASS SECTION, Enfield Central

9. DICK COLLINSON, Principal Cornet, Morris Motors

X10. EMLYN JONES, Solo Trombone, Morris Motors

11. LES HARDING, Solo Euphonium, Morris Motors

12. J. HERBERT, Solo Euphonium, G.C. & Met. Silver Band

13. J. R. COLLINS, Solo Trombone, G.C. & Met. Silver Band

14. W. BEYNON, Solo Cornet, Abergorky Workmen's Band

15. EDGAR DAVIES, Solo Horn, G.C. & Met. Silver Band

16. SAM BOLLAN, Solo Euphonium, Darvel Burgh

Fy nhad yn 'Oriel yr Enwogion'

Emlyn 'Trombôn'

Mam yn Rhydychen

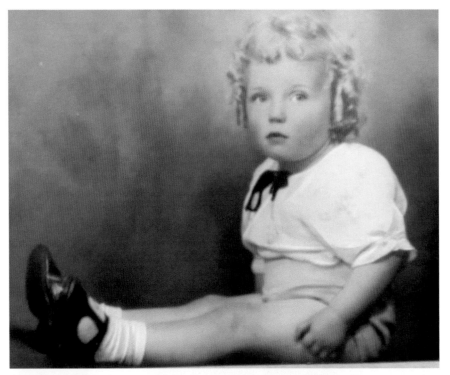

'Ma Raymond Potts yn deud bo' fi'n hogan!'

Mari, Mam, fy nhad a finna, yn camu 'mlaen yn Llandudno

Ni'n pedwar eto, yn Llanystumdwy yn edrych 'mlaen at ein te yng Nghaffi Dwyfor

Enillydd y canu i fechgyn dan un ar bymtheg, Eisteddfod Genedlaethol Llangefni, 1957

Priodas Owen Edwards a Shân, Capel Penmownt, Pwllheli, 1958

Yn y briodas, rhwng dwy nain, 'Nain Gwenallt' a 'Nain Jôs'

Fy rhieni efo Syr Ifan a'r Foneddiges Eirys

Mari fy chwaer a fi

1962 – Caerdydd amdani!

DJ cynta'r Gymraeg ar deledu, ar set *Disc a Dawn*
Llun: BBC

Llun ar gyfer Parlophone ac EMI, Abbey Road

'Stiwdio Madryn' yn y gegin

Injaroc, yr wyth gobeithlon
Llun: BBC

Fi a Myfyr efo Jîp yng nghlwb Tanybont
Llun: *Sgrech*

John Gwyn, fi, Arran Ahmun a Myfyr Isaac; Jîp, 1979
Llun: *Sgrech*

Sgrech

CYLCHGRAWN POP

MAI/MEHEFIN 1979   Rhif 6   15c

ENDAF EMLYN

Yn gofyn ....
PAM NAD OES CROESO I JÎP?
(Gweler tud. 3)

TU MEWN:
SAIN YN CYHUDDO GOHEBYDD SGRECH
GRŴP YN LLOGI AWYREN I FYND I GYNGERDD

Efo Sbardun yn y 'cwt sgwennu', 2014
Llun: Eurof Williams

Y bererindod, 2014; *Salem* a fi, wyneb yn wyneb unwaith eto
Llun: Eurof Williams

Aeth y gitârs i hongian yn segur ar y wal

Y cartwnydd Cen yn galw ar eiconograffi *Salem*. Yr urddo yn Eisteddfod Meifod, 2015.
Llun: *Golwg*

Caerdydd

Doctor, dwi'n diodda'n ormodol,
Doctor, dwi'n andros o wael,
Doctor, oes gen i ddyfodol?
Doctor, sdim cysur i'w gael!

'Doctor', 1980

O'N I WEDI bod lawr yng Nghaerdydd yn 1960, ac wedi chwarae gyda'r Gerddorfa Ieuenctid Genedlaethol yn Neuadd y Ddinas dan gamerâu'r BBC, ac mewn cyngerdd yn yr Eisteddfod Genedlaethol yng Ngerddi Sophia. Roeddwn i'n awyddus i fynd yno eto. Ond be o'n i'n neud yn mynd i goleg athrawon? Gofynnwyd i mi yn y cyfweliad pa swydd fyddai'n apelio ata i pe na bawn i'n mynd yn athro. "Long distance lorry driver," oedd fy ateb. Thâl hi ddim i roi caead ar alar. O'n i'n dal yn ddi-ddeud a mewnblyg. O fewn wythnosau o fod yn y coleg, rhoddwyd tabledi iseldra i mi gan y meddyg, welodd 'mod i mewn pydew o ddigalondid.

Yn ddefodol, gyda fy nghyd-fyfyrwyr, chwiliais am ychydig gysur yn y cwrw, heb sylweddoli fod yr haidd a'i gliwten yn hwnnw hefyd. Dim rhyfedd nad oedd gen i ddim egni nac awch at un dim. Ar brydia, mi fyddwn i'n llithro i dwymyn am ddeuddydd neu dri. Wedi i mi ddarllen cymaint o waith y dwyreinydd Somerset Maugham, o'n i'n ama 'mod i rhywsut wedi cael malaria. Niwlog ydy'r cyfnod. Chofia i fawr ddim o'r darlithoedd. Roeddwn i

97

wedi dewis pyncia 'hawdd': Saesneg, ddeuai'n rhwydd i mi, fel prif bwnc; y Gymraeg, yn naturiol, wedyn, a Chelf yn drydydd, oherwydd nad oedd arholiad ynddo o gwbl, dim ond asesiad o'r gwaith creadigol, ac efallai o achos 'mod i'n dal yn ddig na ches i astudio Celf yn yr ysgol.

Erbyn hynny roedd fy mrawd yng nghyfraith, Owen, yn cyflwyno *Heddiw* ar y BBC. Roedd o a Shân a'r plant yn byw yn y Rhath, yn agos i'r coleg. Roedd yno noddfa i mi, a chinio dydd Sul, a chyngor doeth gan fy chwaer fawr. Mi fyddwn i'n mynd i warchod y genod, Elin a Mari, ac yn cael digon o hwyl a chwerthin efo nhw i godi 'nghalon. Roedd pobol y byd darlledu yn mynd a dŵad yno hefyd, ac yn naturiol ddigon, mi gryfhaodd fy awydd i weithio fel darlledwr. Ces ista yn y galeri i wylio *Heddiw* yn cael ei gyfarwyddo. Dyma'r lle i fi, meddwn i wrthyf fy hun.

Ac fe landiodd Hywel Gwynfryn yn y coleg. Roedd o wedi cwblhau cwrs actio yng ngholeg drama 'y Castell' yng Nghaerdydd, ac yn cychwyn ei flwyddyn o hyfforddiant athro yng Ngholeg Cyncoed. Doeddwn i ddim yn cofio bryd hynny, os gwyddwn i o gwbl, mai fo oedd y Meffiboseth hwnnw. Roedd yn gwmni da, a'i chwerthin yn fy nhynnu rhywfaint o 'nghysgodion. Ddiwedd y flwyddyn gyntaf es adra, ac mi brynais y gitâr Gretsch 'White Falcon' honno efo fy enillion yn gweini byrdda yn Abergwyngregyn. Wrth ddringo ar y bws i fynd yn ôl i'r coleg, yn cario'r gitâr newydd mewn bag papur (doedd gen i ddim digon o arian i brynu cês), wnes i faglu a chlywed clec. Pan dynnwyd y Gretsch o'r bag, i'w dangos i Hywel, roedd hi mewn dau ddarn. Y gwddw a'r corff. Chofia i ddim be ddaeth ohoni.

Daeth pethau'n well i mi yn yr ail flwyddyn. Roedd yna gwmni drama, dan ofal y darlithydd W. J. Jones, gŵr caredig roddodd rannau i mi mewn tri o'i gynyrchiadau.

Bues i'n dywysog yn *Rusalka* ac wedyn yn gadfridog Rhufeinig mewn drama aeth yn angof gen i. Llais Duw ar y radio oeddwn i wedyn, yn un o ddramâu Huw Lloyd Edwards. Ces ran gan y cwmni drama Saesneg yno, fel Tom yng nghomedi *The Knack*, gan Ann Jellicoe, a 'mhrif ddyletswydd yn honno oedd peintio'r ystafell, gan ychwanegu ambell ebychiad o lein. Ces sylw gan y beirniad hefyd – ond dim ond rhyw ychydig glod, a chŵyn am brysurdeb y peintio:

'A relaxed performance by Endaf Emlyn, marred only by his continual wallpainting.'

Dechreuais ganu. Bu ambell berfformiad ar y cyd â Hywel, finna'n chwarae yr ychydig gordia wyddwn i yn fyrfyfyr tra byddai Hywel yn adrodd cerddi. Ond o'n i'n dal yn absennol o'r darlithoedd yn gyson, a'r salwch rhyfedd a'r iseldra yn fy nghadw yn fy ngwely'r bora. Mi fyddwn i'n sgwennu traethodau ar lyfrau nad oeddwn i wedi eu darllen, yn seiliedig ar ddim mwy na rhyw ddau baragraff o grynodeb oedd ar y siaced lwch, a rhyw allu i baldaruo. (Rhaid cyfadde, fe ges ambell gomisiwn yn yr wythdegau trwy ddefnyddio'r un fethodoleg o falu awyr gydag arddeliad.) Roedd 'na gwrs ar y 'Dull Dwyieithog'. Fues i ddim i unrhyw un o'r darlithoedd am ddwy flynedd, ond rhywsut mi basiais y cyfan a chael fy nhystysgrif yn athro Saesneg. Fel mab i deulu o athrawon, a gyda gwir ddiddordeb yn fy mhwnc, roedd gen i reddf i fod yn athro, ond wedi fy holl helbulon, fedrwn i ddim meddwl am fynd yn ôl i'r ysgol.

Ar ôl byw mewn tre fechan lle'r oedd pawb yn nabod pawb a'i dad, roedd y teimlad o fod yn anhysbys yn y ddinas yn apelio. Oedd, roedd yr hen Gaerdydd wedi gweld dyddiau gwell, ac yn ddu o huddyg, ond roedd rhamant ei gorffennol mawreddog yn dal o'i chwmpas. Mae tramp traed y gweithwyr yn mynd i'r gwaith dur, sisial gwifrau'r *trolleybuses*, gwynt coffi Costa Rica ar waelod Stryd y Santes Fair, a gwynt cwrw Brains yn boeth o'r bragdy, i gyd wedi mynd. Un haf mi ges waith yn y bragdy; cychwyn am chwech y bora, a fflagon o gwrw cynnes Brains am ddim efo'r brecwast am wyth. (Roedd bwrdd darts yn y stafell frecwast hefyd.) Dim ond diwrnod o waith fedrais i wneud yn fanno.

A dacw'r neges, 'It's Brains You Want', yn fawr ar ochr y bont reilffordd dros geg Bute Street, yn fynedfa i Tiger Bay. Unwaith yr oeddan ni wedi mynd o dan y bont a chroesi'r lein yma, roedd byd gwahanol iawn yn ein haros. Cymdeithas glòs, o bob cwr o'r byd, a chyfoeth o gerddoriaeth. Ar noson o ha', mi glywech chi gerddoriaeth Vic Parker trwy ddrws agored y Quebec. Vic oedd gitarydd *jazz* a *blues* enwog y dociau, ac er bod Vic â'i wreiddia yn y Caribî, cafodd ei eni yn y Bae, ac mi ganai 'Tiger Bay-ee' gydag acen Caerdydd, 'If you 'aven't been down the Bay, you 'aven't seen Câ-diff at all'.

Yn yr ail flwyddyn, arhosais yng Nghaerdydd drwy'r haf, yn gweithio fel achubwr bywydau ym 'Mhwll Nofio yr Ymerodraeth'. Mae hwnnw a'i enw wedi ei ddymchwel bellach, a da hynny. Stadiwm y 'Principality' sydd yno heddiw. Pryd cawn ni wared o'r enwau yma? Roeddwn i'n un o griw o bump o'r coleg yn rhannu fflat yn Adamsdown, a Hywel efo ni. Ddaeth o adra o'i waith yn gweini byrdda'n y Borough Arms yn sôn bod rhyw bobol o'r BBC wedi gofyn iddo fo tybed fasa fo'n cysidro bod yn ddarlledwr. Roedd clywed yr hanes yn cryfhau fy awydd i gael gweithio yn y byd hwnnw.

Trwy lythyr y byddwn i a Nhad yn cysylltu tra o'n i

yn y coleg. Sylwais ei fod yn cyfeirio'n aml at un o'i gyd-ddarlithwyr, Ann Jones o Ddinorwig. Roedd hi bymtheng mlynedd yn iau na fo, ac yn ddibriod. Mewn rhyw ddwy flynedd wedi colli fy mam, daeth llythyr i 'mharatoi at eu perthynas, a'i ail briodas. Gofyn roedd o, yn ei ffordd, am gael fy mendith. Teimladau cymysg iawn oedd gen i, ond roeddwn i'n falch iddo gael cwmpeini, a chymar, ac un glên a charedig iawn oedd Ann bob amser, â'i chariad twymgalon tuag ato yn amlwg. Gofynnodd Nhad i mi fod yn was priodas iddo fo, ac mi o'n i'n falch, drosto fo, ac ohonaf fi'n hun, yn cael sefyll wrth ei ochr. A phan aethon ni wedyn, er fy syndod, i'r Bull ym Miwmares ar ôl y briodas, a chael y peint o gwrw cyntaf efo'n gilydd erioed, o'n i'n gwenu fel giât. Petai Nhad wedi mynd â fi i ryw dafarn yn y dre, ym Mhwllheli, i gael fy mheint cynta, mi faswn i wedi ymsythu, a theimlo yn llai diarth ym mhob cwmni. Y petha bach sy'n cyfri.

Tua'r BBC

Er 'mod i'n dal yn gredwr mewn datganoli darlledu'n llwyr (a phob dim arall), mae'n rhaid cydnabod ein bod ni Gymry wedi llwyddo i sefydlu ein hawl, a rhywfaint o reolaeth, dros ein cornel o'r Gorfforaeth Brydeinig. Yn 1964 dechreuwyd BBC Cymru. Roedd hyn yn gam mawr o ddyddiau'r ambell raglen Gymraeg am un ar ddeg o'r gloch i adar y nos. Gyda mwy o raglenni yn y Gymraeg ar y sgrin, daeth galw am fwy o gynnyrch. Tra o'n i yn y coleg, ro'n i wedi cychwyn sgwennu sgriptiau i gyfres ddychan y BBC, *Stiwdio B*. Jack Williams oedd y cynhyrchydd, a'r unigryw Rhydderch Jones oedd ein cyfarwyddwr. Roedd y gyfres wedi ei henwi ar ôl stiwdio adloniant teledu BBC Cymru, oedd mewn hen gapel yn Broadway. Meredydd Evans oedd pennaeth yr adran, ac fe ddois i'w nabod yn dda, ond wnes i ddim cyfaddef iddo mai fi oedd Elvis Caergybi, ac os oedd o'n ei gofio, fuodd o'n ddigon caredig i beidio f'atgoffa. Dysgais lawer wrth sgwennu a gweld actorion medrus fel Ryan a Ronnie yn perfformio (ac yn gwella) fy sgetsys. Gwefr oedd cael bod 'gefn llwyfan' wrth ochr un o gewri drama Cymru, Stewart Jones, fel 'Dyn y Tryc', yn ddigon agos i weld y chwys a sawru gliw y mwstásh, yn aros am y pwt o organ cyn iddo wthio'r tryc ar y set, a bytheirio llifeiriant sgript ddoniol Wil Sam. Busnas corfforol ydy actio, ac mi âi Stewart Jones ati efo caib a rhaw.

Myfyrwyr oedd nifer ohonon ni'r sgwenwyr, ac fe

gawsom gynnig cymeryd rhan yn y sgetsys o dro i dro. Mi ges i chwarae rhan mewn parodi ar y nofel sgandalaidd *Ienctid yw 'Mhechod*, John Rowlands. Rhoddwyd i mi het ddu, coler gron a sbectol, a gofynnwyd i mi chwarae'r olygfa serch honno ar y 'cocomattin', gyda Dilys Price, yn ymarfer yn ei chyrlars. Nerfus iawn oeddwn i'n perfformio ond roedd Dilys yn garedig iawn. Doedd pawb ddim yn croesawu gweld 'y stiwdants yn cymeryd gwaith actorion'. Roeddan ni'n cael llai o dâl na'r actorion proffesiynol. Dywedodd Stewart Jones wrthon ni ein bod yn cael cam, bod yna 'Annhegwch!', a bod rhaid i ni fynd at Jack Williams y cynhyrchydd, i holi am gael mwy o bres, 'ar frys!' Aethon ni yn llywaeth i wneud hynny, a dyna ddiwedd ar ein cyfraniad i'r sioe. Hen lwynog call oedd Stiw.

Yn y tymor olaf, roedd pawb arall â'u penna yn y *Times Educational Supplement*, yn chwilio am swyddi. Ond wnes i ddim cynnig am yr un. Ro'n i wedi cael blas ar y busnes darlledu. Byddai rhywbeth yn siŵr o ddŵad. Ac yn ystod haf 1966, mi ges fy newis i fod yn un o gyflwynwyr rhaglen gylchgrawn newydd i bobol ifanc, *Disc a Dawn*, ar deledu BBC Cymru. Cyn-athrawes oedd y cynhyrchydd, Ruth Price o Sir Benfro, a'i gofal amdanon ni, a threigladau rhai ohonon ni, yn gyson. Roedd rhaid i bopeth fod yn gywir a graenus. A Ruth dorrodd bob 'Jones' oddi ar ein henwau, ar gyfer y *credits*. Roedd gormod ohonon ni, medda hi, a gwell fasan ni i gyd heb yr hen arfer Seisnig hwnnw. Roeddwn i a Shân wedi canu heb y Jones ar lwyfannau erioed, ond fe aeth yn swyddogol ac am byth wedi hynny. Cyflwyno detholiad o recordiau newydd yr wythnos oeddwn i, fel 'troellwr', y 'DJ' cyntaf ar deledu yn y Gymraeg.

Ond recordiau Saesneg oeddan nhw. Doedd yna ddim

digon o recordiau canu poblogaidd yn y Gymraeg bryd hynny. Y bwriad oedd dangos y gynulleidfa o bobol ifanc yn dawnsio yn y stiwdio i sŵn y recordiau. Gan gymeryd fy ngham cyntaf i fyd cynhyrchu a chyfarwyddo, mi gynigiais i mai mwy difyr, efallai, fyddai i ni gomisiynu arlunydd i ddarlunio geiriau'r caneuon mewn ffordd ddeniadol a chyfoes gartwnaidd. Roedd gen i arlunydd mewn golwg; fy ffrind a 'nghymydog bore oes, David Griffiths, y portreadwr enwog o Bwllheli. Cytunodd Dafydd ac mi gawsom hwyl yn trafod y posibiliadau. Roedd ei waith yn wych, yn ddyfeisgar ac yn dal ysbryd *op art* graffeg y cyfnod. Dwi'n cofio'n dda ei 'Sunny Afternoon' gan y Kinks, a 'Summer in the City' gan y Lovin' Spoonful.

Roedd perfformiadau byw hefyd ar *Disc a Dawn*, yn amrywiol iawn o ran arddull; James Hogg o Ben-y-bont, Budgie unwaith neu ddwy, Rod a Lyndon, Y Triban a'r Henessys, Iris Williams, a Meic Stevens. Roedd angen geiria ar ambell ganwr, a Hywel Gwynfryn oedd y Dyn Sgwennu Geiria, ac yn nhŷ Hywel y dois i nabod Meic yn dda, o gwmpas adeg 'Yr Eryr a'r Golomen', ddiwedd y chwedegau.

Roedd *Disc a Dawn* yn yr Adran Adloniant, o dan adain Meredydd Evans. Hon oedd yr adran fwya hwyliog yn y BBC. Amser cinio ddydd Gwener, mi fyddai Merêd yn brasgamu hyd y coridorau yn galw, "Staff Outing", ac i ffwrdd â ni, i glybiau pechadurus y prynhawn, y 22 Club yn Cathays, a'r 'Spanish', a thros y mynydd i westy'r Castell yng Nghaerffili gyda'r nos os bydda 'na ddigon o stêm yn codi. Doedd dim troi'n ôl wedyn. Wrth ista yn yr Albany Grill yn y Rhath, sylwais yn y *Western Mail* ar ddwy swydd oedd ar gael. Roedd un yn cynnig cwrs hyfforddi i fod yn beilot i Cambrian Airways. Roedd hon yn apelio; cap a phig, a gweld y machlud dan balmwydd y trofannau. Swydd cyhoeddwr i'r BBC ar gytundeb yng Nghaerdydd oedd y llall. Er lles pob teithiwr, i'r BBC yr es i.

Y peth cyntaf fu raid i mi ei wneud fel cyw cyhoeddwr oedd arwyddo'r Official Secrets Act. Braich hir y Deyrnas Unedig oedd Corfforaeth yr Arglwydd Reith, i'n haddysgu, i'n difyrru, a'n cadw'n deyrngar, a gyda'n golygon tua Llundain, am bopeth o bwys. Roedd y bwrdd apwyntio yn cynnwys ein penaethiaid ond ym mhob achos, roedd rhyw Ddyn o Lundain yno hefyd, i sicrhau na fydda 'na neb gwleidyddol wyllt yn cael swydd, mae'n siŵr. Yn y dyddiau hynny, disgwylid i'r Newyddion yn Saesneg gael ei adrodd gydag acen awdurdodol y dosbarth uchaf. Wedi fy magu mewn ardal lle'r oedd pob sgwrs ar yr aelwyd a'r stryd yn y Gymraeg, ail iaith i mi oedd Saesneg. Doedd gen i ddim acen sefydlog naturiol ynddi. Rhaid oedd i mi fynd i wersi 'Siarad fel Sais', a gwneud ymarferiadau od ar fy nghwrcwd, a mwmian 'mi ma me mw', wrth wthio fy nghefn yn erbyn wal. A hyd heddiw, rhyw acen Saesneg grwydrol od sydd gen i. Diolch i'r nefoedd fod yr hen ragfarn yn erbyn acenion naturiol y Cymry wedi mynd.

O fewn wythnosau wedi i mi gychwyn, digwyddodd trychineb Aberfan. Roeddwn i'n gweithio ar y shifft gynnar y bora hwnnw, yn y ganolfan yn Park Place, pan ddaeth y newyddion cyntaf brawychus o'r domen yn llithro. Daeth aelodau mwy profiadol y shifft brynhawn i mewn yn gynnar. Dim ond gwylio a danfon cwpaneidiau o de y bues i weddill y dydd ofnadwy hwnnw. Daeth yn boenus glir i mi fod ganddon ni ddarlledwyr gyfrifoldeb, a swyddogaeth o bwys i'w chyflawni yng Nghymru.

Wedi'r Tachwedd o dristwch yng Nghymru, daeth y Nadolig, Nadolig o bartïon 'bywiog' yn y swyddfeydd. Âi'r darlledwyr yn eiddgar at rialtwch yr Ŵyl. Ond yn un o bartïon digon parchus y pnawn cyn y Nadolig y gwnes i gychwyn canlyn fy ngwraig, Jackie. Roeddan ni wedi cael ein cyflwyno i'n gilydd ychydig ddyddiau ynghynt, yn y cantîn, gan Ronnie Williams. Roedd Jackie'n ysgrifenyddes gynhyrchu yn rhedeg swyddfa'r rhaglen radio ddyddiol, *Good Morning Wales*. Wedi i ni ddod yn gariadon y Nadolig hwnnw yn 1966, wnes i ddim oedi. Erbyn mis Awst '67, roeddan ni wedi priodi. A dyna'r peth callaf wnes i erioed. Daeth hi â'r ysgafnder yn ôl i 'mywyd.

O ran natur a chefndir, rydan ni'n dau yn gwbl groes i'n gilydd. Mae Jackie'n hanu o Fanceinion, yn ferch i beiriannwr, yn ymarferol gall, ofalus, a finna'n wyllt o flerwch mympwyol. Er bod yr iseldra a'r ofnau wedi cilio erbyn hynny, roeddwn i 'mhell o fod yn saff a chyflawn pan gwrddon ni, yn agos i drigian mlynedd yn ôl. Iddi hi mae pob diolch am fy achub rhag fy ngwaetha. Cafodd ei swydd gyntaf, wedi gadael y coleg, yng nghanolfan y byrhoedlog Teledu Cymru. Aeth oddi yno i'r BBC, ac wedi clywed cymaint o'r Gymraeg o'i chwmpas, roedd hi'n awyddus i ddysgu'r iaith. Mae ganddi glust dda at ieithoedd, ac mi ddaeth yn rhugl yn fuan. Mi setlon ni lawr yn Llandaf, yn agos at ein gwaith yng nghanolfan ddarlledu newydd sbon y BBC. Yn ôl y sôn, fi gafodd yr anrhydedd o fod y cyntaf i ddarlledu oddi yno, ond dim ond oherwydd fy mod i, fel yr hogyn newydd, wedi cael fy rhoi ar y shifft gynnar, am chwech y bora. Daeth eraill, mwy profiadol, i ddathlu'r achlysur yn hwyrach yng ngoleuni'r dydd. Fel pob un ganolfan ddarlledu y bûm yn gweithio ynddi, mae wedi ei dymchwel erbyn heddiw.

Roedd gwaith yr Adran Gyflwyno yn amrywiol iawn, yn cynnwys pob agwedd o gyflwyno'r rhaglenni, y newyddion a'r tywydd, ar y radio a'r teledu. O dro i dro, gofynnwyd i'r cyhoeddwyr gynhyrchu rhaglenni radio. Awgrymais fod lle i raglen ar y canu poblogaidd. Cytunodd y penaethiaid, ac fe roddwyd yr awenau cynhyrchu i Ronnie Williams, a'r gwaith cyflwyno i fi. *Pop Wales* oedd y teitl, yn darlledu fel rhaglen ola'r dydd ar nos Wener. Roedd hynny'n amserol iawn; yn hwyr ar nos Wener y byddai pob record newydd yn cael ei rhyddhau. Ni oedd y cyntaf i chwarae aml i record bwysig ym Mhrydain a'r byd.

O'n i'n awyddus i ni gael ein 'jingl' ni'n hunain i agor y sioe. Roedd yn y BBC lyfrgell o recordiau o gerddoriaeth ddihawlfraint o bob math i lenwi bylchau, ac i agor a chloi rhaglenni. Cymerais un ohonyn nhw, a sgwennu alaw i gyd-fynd â hi, a geiria 'Pop Wales-aidd'. Recordiais fy hun yn canu'r jingl efo'r trac ar y record o'r llyfrgell, nifer o weithia i greu côr. Yr hanner munud prin hwnnw, 'nôl yn '67, oedd y tro cyntaf i fi ganu ar unrhyw recordiad.

Fues i'n cyfweld ag Amen Corner, Spencer Davies, Dave Edmunds, Tom Jones, Victor Spinetti, Shirley Bassey a Harry Secombe. Un tro, aethon ni yn Jaguar ail-law Ronnie i'r Top Rank yn Southampton i gyfweld â Tom Jones. Daeth Bryn Williams, y tenor, efo ni am reid. Roedd o wedi bod yn athro celf ar Tom. Pan gerddon ni mewn i'r stafell wisgo, ebychodd Tom yn llawen, "Good God! It's Wili Art!" Roedd Tom wedi prynu tŷ yn Surrey erbyn hynny, ac mi ofynnais iddo fo,

"Tell me, Tom, where is home for you now?"

"Well, I live in Sunbury on Thames," atebodd Tom. "That's my home now."

Dyma ei reolwr, Gordon Mills, yn pwyso'r botwm i stopio'r tâp a sibrwd rhywbeth yng nghlust Tom.

"Let's try that again," meddai Gordon, a phwyso'r botwm eto.

"Where's home for you, Tom?" gofynnais i eto.

"No matter where I go, home for me is always Ponty, Pontypridd. That's where I'm from," meddai Tom.

Nodiodd Gordon ei gymeradwyaeth. Doedd dim cynulleidfa'n rhy fach i'r rheolwr craff falio amdani.

Porfeydd gwelltog

WEDI BOD YN gweithio yn y BBC ar gytundeb am yn agos i ddwy flynedd, ymgeisiais am swydd barhaol yn yr Adran Gyhoeddi, 'ar y staff'. Ces fy ngalw o flaen y bwrdd apwyntiadau. Roedd y Dyn o Lundain yn fy holi am y rhaglen *Pop Wales*, yn drwynsur braidd. Crwydrodd fy sylw. Tu ôl iddo roedd portread Kyffin Williams o'r cynreolwr, Alun Oldfield Davies, yn edrych i lawr arnom. Roedd yn ddyn anghyffredin o dal. Sylwi roeddwn i nad oedd Kyffin wedi cynnwys gwaelodion y coesau hir na'r traed. Tybed ai o fwriad? Neu, wnaeth Kyffin gychwyn efo'r pen a rhedeg allan o gynfas o gwmpas y grimog?

Torrodd y Dyn o Lundain ar draws fy meddyliau:

"Are these pop programmes really the kind of thing we should be broadcasting on the BBC Home Service?"

"Un sianel sydd ganddon ni yng Nghymru," meddwn i, yn fy Saesneg ail-law a holi, "Onid oes yna ddyletswydd arnom ni i ymdrin â'r holl agweddau o'n bywydau yng Nghymru?"

Ches i ddim y swydd, ond nid oherwydd 'mod i wedi meiddio dŵad â phop i'r 'Home Service'. Yn syml, cafwyd llawer iawn gwell ymgeisydd am y swydd. A chwarae teg i'r BBC, roeddan nhw'n gweld fod gen i rywbeth i'w gynnig. Lluniwyd cytundeb yn arbennig i mi, yn gyfuniad o waith sgwennu a gwaith cyflwyno, a rhoddwyd ail ddewis i mi ymuno ag Adran Ddrama y BBC fel 'PA', cynhyrchydd cynorthwyol dan hyfforddiant, pe dymunwn. Roedd hynny'n apelio mwy ata i. Ond eto, roeddwn i, yn fy ffolineb anaeddfed, yn troi 'nhrwyn arnyn nhw, wedi fy siomi rhyw fymryn bach.

Ac mi welwn fan gwyn man draw, ym meysydd gwyrddion Pontcanna, lle'r oedd cwmni newydd Teledu Harlech yn cynnig mwy o arian, ac addewidion o raglenni cyffrous, yng nghwmni sêr fel Richard Burton ac Elizabeth Taylor; Stanley Baker; John Morgan a Syr Geraint Evans. Gwahoddwyd fi i fynd am sgwrs gydag Aled Vaughan, y darpar Bennaeth Rhaglenni. Mi ges gyfarfod da, a chroeso i ymuno â'r cwmni. Ac wrth gwrs, wnes i erioed gyfarfod y Burtoniaid.

Roedd TWW, Television Wales and the West, wedi colli ei drwydded i ddarlledu am roi'r pwyslais yn ormodol ar wneud arian, a ddim digon ar safon rhaglenni. Roedd Teledu Harlech i gymeryd y stiwdios ym Mhontcanna, Caerdydd, a chyflogi staff TWW. Ond penderfynodd Harlech y byddai'n rhaid newid 'wynebau' yr hen gwmni. Dyma fi'n ffarwelio â'r BBC a mynd, efo lwfans dillad hael, i brynu siwtia ar gyfer sesiwn tynnu llunia cyhoeddusrwydd Teledu Harlech. Un o bedwar wyneb newydd oeddwn i. Tri o Saeson ac un Cymro. Buan y sylweddolwyd fod angen mwy nag un cyhoeddwr Cymraeg, a daeth nifer ohonyn nhw, ac yn arbennig felly, yr hoffus Margaret Pritchard a 'nghyfaill da, Arfon Haines Davies. Ond am gyfnod, ni'r 'pedwar wyneb newydd' oedd yn cael ein gweld ym mhob papur newydd. Trodd Cymdeithas yr Iaith ei golygon at weithgareddau Teledu Harlech, a dywedodd Gareth Miles, "Ni fyddwn yn fodlon ar chwe awr yr wythnos o raglenni Cymraeg ac Endaf Emlyn!"

Blêr iawn oedd y noson agoriadol. Roedd staff TWW yn anhapus, ac wedi troi llygad ddall pan aeth pethau'n gawl technegol. Saethwyd rhaglen arbennig ar gyfer yr achlysur, yn llawn cyfarchion gan enwogion y Bwrdd a'u cyfeillion. Mi gyfrannodd Burton; mi leisiodd Syr Geraint Evans; mi chwarddodd Harry Secombe, ac mi ganodd Osian Ellis y delyn. Recordiwyd mynydd o ddeunydd a bu rhaid golygu ar frys. Tynnwyd cyfraniad Osian Ellis. Ces wahoddiad i'r parti wedi'r sioe yn Ystafell y Bwrdd.

Erbyn i mi ddŵad lawr ar ôl gorffen dweud "nos da" wrth y genedl, roedd y poteli gwin yn weigion, a phetha'n dechrau mynd yn flêr. Roedd Aled Vaughan wedi cornelu'r cynhyrchydd ac yn rhuo gofyn, "Where was Osian?" Mewn cornel arall, roedd y newyddiadurwr ddarlledwr John Morgan ddireidus yn tynnu ar y bariton byd-enwog, Syr Geraint: "You owe your fame and fortune to a chance peculiarity. You've just got a curiously constructed throat." Yn eu canol safai'r Arglwydd Harlech, yn galw ar ei holl sgiliau diplomyddol, a'i *consigliere*, David Meredith, wrth law, yn tywallt ei olew mwyn ar y dyfroedd ystormus. Bu Harlech yn ffodus iawn i gael galw ar ei alluoedd disglair. Roedd yn gwmni da bob amser ac yn gartrefol ym mhob cylch. Wedi'r ffiasgo agoriadol cafodd 'Harlek TV' ei alw'n 'Hardluck TV' gan y gwatwarwyr, a dechreuwyd ar y broses o newid yr enw i 'HTV'.

Daeth pethau'n well. Cynhesodd y staff atom ni, yr wynebau newydd, ac yn wir, roedd arlwy Harlech yn rhyfeddol. Roedd rhaglenni Gwyn Erfyl yn safonol iawn, yn mentro i drafod materion difrifol ac athronyddol. Daeth partneriaeth y cynhyrchydd drama Huw Davies gyda'r nofelydd Emyr Humphreys â dramâu uchelgeisiol yn y Gymraeg i'r sgrin, fel cyfres *Y Gwrthwynebwyr*. Roedd Terry de Lacey yn cynhyrchu rhaglenni trawiadol, fel ei ddogfen ffantasïol ar y Doctor William Price. A gwych oedd yr Adran Blant dan arweiniad dyfeisgar, arloesol fy ffrind a 'nghyd-ffidlwr o'r cerddorfeydd, Peter Elias Jones.

Ond roedd yr erials ar y cyrn ym Morgannwg a Mynwy yn troi i gyfeiriad trosglwyddwr ar fryniau'r Mendips yng Ngwlad yr Haf. Oedd y rhaglenni Cymraeg wedi gyrru cynulleidfa de Cymru i ddilyn newyddion Barnstaple a Stroud? Yng ngorllewin Lloegr roedd mudiad protest, 'Ban Welsh Telly', ar gynnydd, ac yng Nghymru, roedd Cymdeithas yr Iaith yn galw am sianel Gymraeg. Er cymaint y gobeithio, roedd hynny'n ymddangos fel gwag freuddwydio ar drothwy'r saithdegau.

'Marrakesh Express' Crosby, Stills and Nash oedd ar radio'r car pan welson ni dŷ ar werth yn Radur. Roedd y farchnad dai ar i lawr, ac fe gawson ni ostyngiad ar y pris i'w brynu'n rhad. A fanno buon ni'n hapus iawn trwy'r saithdegau, er nad oedd gyrfa barhaol fel cyhoeddwr ddim yn apelio. Tu ôl i'r camera roeddwn i isio bod. Ond am y tro, roedd cyflwyno rhaglenni yn ddigon difyr. Yn 1973, cafodd rhywun y syniad 'diddorol' o gyfuno adroddiadau o faes Eisteddfod yr Urdd, yn Saesneg, â rhaglen rasio ceffylau. Ann Clwyd a fi gafodd y dasg ryfedd honno, yn fyw o faes yr Eisteddfod ym Mhontypridd. Aeth dau brynhawn cyfan rhywbeth fel hyn: "And now before the Action Song competition, over we go to the horse racing at Kempton Park for the 3.30 Steeplechase." Weithia, doedd y ras geffylau ddim yn barod, a neb ar lwyfan yr Urdd, ac felly roedd rhaid malu awyr i lenwi am hydoedd, yn Saesneg, am hanfodion y gân actol, i bobol oedd yn aros am y rasys ceffylau. Dwi'n cofio dweud, gan ddymuno i'r ddaear fy llyncu, "And the Action Song is, simply, a song... a song, with actions."

Ar brydia, o'n i'n cael fy ngyrru i agor ffeiriau, ffêts, a *gymkhanas*, ac yn achlysurol, a heb fawr o resymeg, i lefydd fel Yeovil, Frome a Shepton Mallet, oedd i gyd o fewn y briodas glec Awstro-Hwngaraidd yma rhwng Cymru a gorllewin Lloegr. Yn fwy o hwyl o lawer, mi ges fy ngyrru i agor y siop Tesco gyntaf yng Nghaernarfon. Fe'm cariwyd fel lord trwy strydoedd y dre mewn Ford Zodiac confyrtibl gwyn, yn ista ar gefn y sêt ôl, yn codi llaw fel pe bawn i'n dywysog. Roedd band yn chwarae, a gwaeddodd pawb "Hwrê!" pan dorrais y rhuban gyda'r siswrn aur seremonïol, a dim ond ambell un call oedd yn holi, "Pw' 'di hwn, eniwe, ia?"

Croeso '69

DAETH ARWISGO'R TYWYSOG Charles yn '69 yng Nghastell Caernarfon. Hwn fyddai'r darllediad gyda'r gynulleidfa fwya erioed yn hanes Teledu Harlech, yn fyw i'r genedl ac i'r byd. Roedd y mwyafrif o'r Cymry o blaid, ond gyda'r cyfryngau oll yn dathlu'n ddi-baid, roedd hynny i'w ddisgwyl. Bu tri mis o hysteria jingoistaidd yng Nghymru, ac mi ganodd Dafydd Iwan ei 'Croeso Chwe Deg Nain' i ddychanu'r Gymru Goch, Gwyn a Glas, yn estyn 'llun y Cwîn o'r cwtsh dan stâr'. A fi gafodd y dasg o gyflwyno rhaglen arbennig ar HTV i ddewis 'Miss Croeso 69', o blith merched glandeg y genedl.

Roedd yn gyfnod od iawn. Ar un ochr, roedd I. B. Griffith yn wên o ddiléit ar ran y Cofis, ac ar y llall, roedd y Dyniadon, yn canu 'Dicsi'r Clustie' i wawdio pennaeth y Plismyn Cudd, oedd yn brysur yn arestio 'eithafwyr'. Estynnodd Dennis Coslett o Fyddin Rhyddid Cymru wahoddiad i'r Prif Weinidog, Harold Wilson, i gynhadledd heddwch ar fwrdd cwrwgl ar afon Teifi. A daeth trasiedi i Abergele, pan gollodd dau Gymro eu bywydau wrth baratoi ffrwydrad. Cafodd Cynan ei alw'n 'Syr' am gymeryd rhan yn y seremoni. O'm rhan i, collais fymryn o gwsg o fod wedi gorfod mynd yn groes i fy naliada gwleidyddol, ond cysurais fy hun fod yr holl syrcas mor hurt, fasa na neb yn cofio.

Ond mi fasa Nhad, oedd yn gwylio yn Sir Fôn, wedi bod wrth ei fodd, yn falch o weld ei hogyn yn 'gwneud ei farc'. O fewn y flwyddyn, bu farw yn sydyn, o drawiad ar y galon, wrth arddio yng ngwres haf 1970. Er syndod imi, wedi i mi fethu wylo deigryn yn angladd fy mam, fe wylais yn hidl wedi claddu Nhad, fel petai'r llifddorau'n ymagor o'r diwedd.

Dois adra i Gaerdydd, yn teimlo'n sydyn amddifad o rieni, o'u sylw, a'u cyngor. Yn 1997 mi fyddwn i'n colli fy chwaer Shân, ac yn 2019, fy chwaer Mari. Roeddwn i'n meddwl y byd o fy chwiorydd, ofalodd amdana i bob amser. Fe fu i'r ddwy ein gadael yn rhy gynnar, ac yn wael eu hiechyd. Mae rhyw eironi creulon yn y ffaith mai o'r tri ohonon ni, gafodd ein gwarchod mor ofalus, dim ond y fi, y mab anystywallt ar brydia, sydd wedi goroesi. Dwi'n gweld eu colli oll, ond yng nghwmni llu o atgofion melys, a gyda'r cysur o ddilyn hanes y to sy'n codi.

Abbey Road

YN ÔL YN fy ngwaith, dyma feddwl tybed fedrwn i ddianc rhag goblygiadau beichus fy swydd trwy fynd i ennill fy mara fel cyfansoddwr caneuon. Yng ngwanwyn 1970 es i Lundain, yn cario tâp chwarter modfedd o 'nghaneuon. Mi ges wrandawiad gan DJM, cwmni cyhoeddi Dick James. Mab i gigydd oedd Reginald Vapnick, aeth yn ganwr poblogaidd. Fo, dan yr enw 'Dick James', oedd yn canu 'Robin Hood, Robin Hood, riding through the glen'. Erbyn 1970 roedd ganddo ei gwmni ei hun, Dick James Music, oedd â'i swyddfeydd ar yr ail lawr yn New Oxford Street. Wrth ddringo'r grisiau, gwelwn ar bob gris, mewn llythrennau breision o efydd euraidd, enw ELTON JOHN. Roedd ei gân 'Your Song' ar frig siartiau'r byd. O'n i'n colli owns o hyder ar bob stepan, ac yn gwybod na fyddai gan DJM, yn eu prysurdeb, ddim amser i'w roi i rywrai anadnabyddus fel fi.

Ro'n i'n fwy gobeithiol yn mynd i weld Tony Hatch a'i gwmni cyhoeddi, M&M. Fo oedd Simon Cowell ei gyfnod, yn dyfarnu ffawd recordiau newydd yn 'Hit or Miss' ar y rhaglen *Juke Box Jury*, ac fel cyfansoddwr llwyddiannus, yn siarad lot o sens. Roedd o'n hoffi'r caneuon, a'i farn oedd y dylwn i eu canu nhw fy hun. Ac felly y bu. Cyflwynodd Tony fy ngwaith i'r bobol bwysig yn EMI. Daeth ymateb ffafriol a chytundeb pedair record sengl ar label Parlophone. Yr un label â'r Beatles. Wn i ddim os oeddwn i wedi gobeithio, mewn difri, am gael bod yn 'seren bop'. Mi dderbyniais y cytundeb yn syth bìn.

Cyn bo hir roeddwn i ar y trên i Lundain eto, i recordio yn Abbey Road, lle'r oedd y Beatles wedi gwneud eu record olaf: yr albwm hollol wych o'r un enw. Bob tro y deuwn oddi ar y trên yn Paddington, byddai Rolls Royce mawr glas yn aros amdana i, i'm cario'n osgeiddig i swyddfa M&M, fry'n y pentows yn Bayswater. Roedd troedio ar draws y groesfan Zebra fyd-enwog honno i Stiwdio Abbey Road yn foment i'w chofio. Ac yn wir, tra oeddwn i yn y stiwdio, roedd George Harrison yno'n rhywle, efallai yn paratoi ei sengl 'My Sweet Lord' oddi ar *All Things Must Pass*, oedd newydd gael ei rhyddhau. Leciwn i ddweud i ni gael aml i banad o de efo'n gilydd, ond dim ond braidd groesi wnaeth ein llwybrau ni. Fuon ni'n dau yn yr un cantîn, efo'n gilydd, ond ar wahân, ac unwaith! Yn y stiwdio, gwefr go iawn oedd ista i lawr i chwarae cordia atgofus agoriad 'Strawberry Fields', ar yr union felotron honno.

Ac yn y stiwdio honno y cyfarfyddodd Mike Parker a finna am y tro cyntaf. Dwi'n cofio'r foment honno yn glir iawn. Chwilio am y gitarydd o'n i, ond ar yr organ Hammond yr oedd o, yn chwarae'n feistrolgar fel Brian Auger. 'Paper Chains' oedd y sesiwn sengl gyntaf, llwyaid o siwgr yn felodaidd felys i'r glust, ond heb fawr o sylwedd na synnwyr, â'i neges gryptig mai dim ond caneuon papur gewch chi gan aderyn papur efallai yn hunangondemniad anfwriadol. Ond bu cryn gynnwrf ym mhentows Tony Hatch, wedi'r sesiwn recordio. Roedd y dyn o'r *Juke Box Jury* yn rhagweld bod ganddo 'Hit' ar ei ddwylo. Dyma ddechrau cynllunio.

Trefnwyd i mi fynd i Stryd Carnaby i siopa, lle prynais siwt o liw 'eirin y morwydd', ac i gael torri 'ngwallt yn

salon Ricci Burns, oedd yr adeg honno ochr yn ochr â
Vidal Sassoon ym myd y sisyrnau. Trefnais i gyfarfod
Jackie yn Selfridges yn hwyr y prynhawn. Dwi'n credu fod
Tony wedi gofyn i Ricci dwchu rhywfaint ar fy ngwallt. Yn
anghyfleus iawn, roedd wedi dechrau teneuo. (Cyfrwch
chi'r enwogion roc moel, maen nhw'n brin.) Fasa Syr yn
hoffi triniaeth i roddi mwy o drwch i'w wallt? Iawn, me'
fi. A dyma boteli o'r *thickener* yn ymddangos. Yng nghanol
odrwydd hynny, pwy oedd wrth fy ochr, yn fy wynebu
yn y drych, ond Siân Phillips, yn ei chyrlars, yn adrodd
hanesion 'Peter' (O'Toole) wrth ei barbwr, tra oedd fy
marbwr i yn iro fy mhen ag olew, a blawd. Wnes i ddim
meiddio torri gair, wrth gwrs.

Ar fy ffordd i Selfridges wedyn, mi welwn yng ngwydr
ffenestri siopa'r West End rywun tebyg i mi, yn brasgamu
wrth fy ochr, ond mewn siwt biws, a nyth pioden o wallt
euraidd Garffynclaidd ar ei ben, yn dal bag papur o'r
poteli uwd gwallt, oedd wedi costio cyflog wythnos! Roedd
Jackie fry ar y balconi yn Selfridges. Mi welais ei gên hi
yn syrthio pan welodd hi fi. Aethon ni wedyn ar frys i'r
gwesty, lle'r edrychodd y comisionêr yn feirniadol ar fy
siwt. Roedd hi 'run lliw â'i un o, ond bod ganddo fo streips
melyn lawr ochra ei drowsus ac epoléts ar ei 'sgwydda.

O fewn dyddia wedi i'r record gael ei rhyddhau, daeth
gwahoddiad i ni'n dau fynd i Fryste, lle'r oedd Tony Hatch,
a'i wraig, y gantores Jackie Trent, yn cynnal *cabaret* mewn
rhyw glwb nos ar yr A38, a Mike Parker yn y band ar y
gitâr. Roedd Tony yn gyfansoddwr llwyddiannus iawn, a'i
wraig Jackie Trent wedi sgwennu caneuon i Petula Clark,
Frank Sinatra, Dean Martin, Jack Jones, Nancy Wilson,
a mwy. Wedi i ni wylio yr awran o'u *hits* o'n seddi cadw
wrth fwrdd y sêr, daeth y criw atom ni, gyda hambyrddau
o gafiâr, a 'hwrê' o wydrau siampên. Roedd 'Paper

Chains' wedi ei dewis fel y 'Record yr Wythnos' nesaf, gan gynhyrchydd rhaglen radio Tony Blackburn! Dyma'r tocyn aur wedi landio. Nos Wener oedd hon. Erbyn bora Sadwrn roeddwn i ar Heol y Plwca, City Road, Caerdydd, stryd y siopa ceir, yn sbio trwy'r gwydr ar Jaguar E-type. Pan gyll y call...

Bora Llun a ddaeth, a dim gair gan Tony Blackburn am fy record. Cymaint fy siom fel nad ydw i ddim yn cofio pa record ddewiswyd yn 'Record of the Week'. (Efallai yn wir mai 'Chirpy chirpy cheep cheep', gan Middle of the Road, a gafodd y fraint honno, a chael bod ar frig y siart wedyn am bum wythnos.) Dyma ffonio swyddfa M&M i holi. Yr esboniad oedd fod cynhyrchydd Tony Blackburn wedi cael *nervous breakdown* dros y penwythnos, a bod un arall, o farn wahanol, wedi cymryd ei le. Chwerthin wnes i. Yn hallt. Ond roedd arwyddocâd dyfnach a hapusach i mi yn yr hanes.

O'n i wedi gofyn faswn i'n cael rhoi cân yn y Gymraeg ar yr ochr arall. Mi ges recordio 'Madryn' gyda cherddorfa lawn ym mhrif stiwdio Abbey Road, a'r trefniant gan Tony Hatch. Cân hiraethus ydy 'Madryn', am Ben Llŷn. Yr hyn a 'mhlesiodd i fwya oedd sgwennu'r geiriau. Gorffennais y gwaith ar y trên i Lundain. Wrth bowlio heibio hylltra Slough a Swindon, a dagra'r glaw'n stribedu'r ffenast, mi sgwennais am gasglu'r llus ar lethra'r Garn:

> Sŵn y don yn deffro'r nos
> Yn llusgo ar y traeth,
> Cynnar gân uwchben y rhos,
> Y wawr a ddaeth.
> Niwlen ar yr afon
> Yn crwydro lawr i'r glyn,
> Llafn o haul yng Nghoed Nanhoron,
> Plant ar lethra'r Garn yn brysur gasglu llus,

Cân y gwenyn ganol dydd ym mlodau'r grug,
Arad yn y dyffryn pell yn rhwygo'r tir
A gwres yr haul ym Madryn
Yn galw arnaf fi.

Y patryma llafar sy' ora gen i. Mi gadwa i at bwysleisio'n naturiol, oni bai 'mod i eisiau taro'n od i dynnu sylw at rywbeth. Wrth fod yr alaw yn dod cyn daw'r geiria, gan amla, mae'n dasg i ffendio'r ymadrodd sy'n ffitio, ond mae'r sŵn dieiria hwnnw sy'n fy mhen yn 'sŵn Cymraeg', ac yn croesawu'r geiria pan ddown nhw. Ydy, mae o'n od o broses. Ac os bydda i wedi 'clywed' nodyn ar sŵn rhyw lafariad benodol, dwi'n gyndyn iawn wedyn o newid y llafariad i hwyluso sgwennu'r geiria, sy'n gwneud y gwaith yn fwy o bos difyr eto. (Mae yna reolau gwirion hefyd. Wrth recordio yn anghelfydd yn y gegin, roedd ambell gytsain ffrwydrol yn peri trafferth ar y meic, ac fe fûm i'n osgoi yr ech yn hurt. Sylwodd neb, ond prin iawn ydy'r ech ar record *Hiraeth*.)

Ond nid penderfyniad rhesymegol oedd dewis iaith. Roedd adra'r iaith Gymraeg yn galw mwy arna i nag aur ffŵl Llundain ac efallai yn ffordd o bontio'r gagendor adawyd ar ôl colli fy mam. O'n i'n teimlo ein bod ni'n closio at ein gilydd eto yn y Gymraeg. Roedd sgwennu a chanu 'Madryn' wedi rhoi mwy o foddhad a phleser i fi nag unrhyw beth faswn i'n ei wneud yn Saesneg. Er mor gartrefol ydw i yn Saesneg, a finna yn athro yn yr iaith honno pe dymunwn, fedra i ddim sgwennu caneuon yn yr iaith fain heb deimlo'n ffug; a mymryn yn fradwrus. Does neb yn meddwl ddwyaith cyn croesi'r ffin ieithyddol heddiw, ac arwydd o hyder ydy hynny, mae'n siŵr. Ond yn y chwedegau, roedd canu yn Saesneg rhywle rhwng brad a phechod. Do'n i ddim yn siŵr os oeddwn i isio mynd yn ôl at Parlophone.

Dyma ista wrth y piano ac anfon llythyr iddyn nhw drwy gân. Datganiad brysiog o ffarwél ydy 'Goodbye Cherry Lill'. Mae'r gân yn enwi'r criw yn M&M ac yn ffafrio'r ysgrifenyddes, oedd bob amser yn glên iawn. Aeth y tâp i Lundain efo'r post a daeth ymateb sydyn. Canodd y ffôn. Roeddan nhw wrth eu boddau efo 'Cherry Lill', ac am i mi ddŵad ar frys, yn ôl i Abbey Road. Ac mi wnes, i recordio 'Cherry Lill' a chân oeddwn i wedi'i sgwennu efo Meic, 'Starshine', ar y cefn (a gafodd ail wynt fel 'Abel y Mul', ar *Salem*). Rhyddhawyd y sengl, a llithrodd heibio heb dynnu ond ychydig o sylw. 'McCartney-esque,' meddai'r *Melody Maker*. Ond erbyn hynny, roeddwn i'n ôl adra, ac yn brysur yn meddwl am y peth prin hwnnw, record hir o ganu cyfoes yn y Gymraeg.

Ar yr un pryd, roedd Meic Stevens yn gwneud yr un peth. Er ein bod ni'n gymeriadau tra gwahanol i'n gilydd, roeddan ni'n tynnu 'mlaen yn dda, yn dod o'r un genhedlaeth, a'n dau wedi ein codi ar lan yr un bae. Roeddan ni'n dau hefyd wedi troi'n golygon o Lundain yn ôl i Gymru, a'r Gymraeg. Fi oddi wrth EMI Parlophone, a Meic o Warner Brothers, y ddau ohonon ni wedi colli ffydd yn y diwydiant mympwyol. Ar yr un pryd, roeddwn i'n awyddus i'r byd glywed mwy o Meic. Yn wir, fe fentrais gysylltu efo Warner Brothers, i geisio sicrhau y deuai ail record hir i ddilyn y rhagorol *Outlander*. Roeddwn i wedi arfer codi'r ffôn i holi'r dynion 'A&R', ers cyfnod *Pop Wales*, yn y ras i gael gafael ar y recordiau diweddaraf. Doeddan nhw ddim yn gwybod ble'r oedd Meic, na sut i'w gyrraedd. Gofynnon nhw i fi bwyso arno fo i gysylltu efo nhw. Ond roedd Meic yn paratoi i recordio *Gwymon*, tra oeddwn inna yn sgwennu caneuon *Hiraeth*. Dau annhebyg yn troedio'r un llwybr oeddan ni. Mi gofia i un noson dan ddylanwad rhyw ddail cryfion, dan leuad enfawr, fod yn swp sâl yn ei ardd gefn yn Ystum Taf. Pan gwynais, 'mod i wedi gobeithio am weledigaetha, a chael dim ond chwd, fe chwerthodd Meic yn hir. Ond doedd dim angen unrhyw ddeiliach arnaf fi i wirioni ar fywyd.

Ar ddechra'r saithdegau mi sgwennon ni gân ar y cyd. 'Traeth Anobaith' oedd honno. Fi ddaeth â'r cymal cyntaf, a Meic yr ail, ac yn y blaen, a fi, rhan fwya, oedd yn taflu'r geiria, yn tynnu ar brofiadau o fod ar y traeth hwnnw o anobaith llwyr yn fy arddegau, a doedd y cyflwr meddwl ddim yn ddiarth i Meic chwaith. Mwy o deimlad na synnwyr sydd yna yn y gân; llef ddaeth o gleisia yr isymwybod. Mae brath ei berfformiad yn ergydiol. Ac anrhydedd arbennig i fi oedd i Meic ei chynnwys ar ei record wych, *Gwymon*. Wnes i ddim mentro fersiwn erioed. Roedd y cyfan wedi ei ddweud gan y Dewin o Solfach.

> Geni'r dydd heb gân ar lannau'r merddwr,
> Gwynt fel traed y meirw lan o'r bedd,
> Doedd neb i weld y wawr ar Draeth Anobaith,
> Neb i weld y wawr yn nŵr y llyn;
> Hen loffwr llwyd sy'n troedio'r gwymon
> Lle bu'r llanw gynt,
> Casglwr ein cysgodion
> Rhag llygad oer y gwynt,
> Rhag llygad oer y gwynt.

Fydda i'n hoffi ei chlywed o dro i dro, a chofio'r cyfarfod llwybrau.

Hiraeth

Yn sydyn teimlais hiraeth
Ddaeth gyda'r llaeth i'r drws,
Ynghanol sŵn y wawr
Daeth hiraeth i'm deffro.

MAE YNA DYWYDD lledrithiol, pan fydd hen linell bell y gorwel yn peidio bod, a'r môr a'r awyr yn mynd yn un. Fe fyddwn i'n mwynhau bod mewn byd diderfyn felly, yn y gola llwyd, a dim yn gwmni ond murmur lleia'r tonnau'n golchi'r graean. Dyna o'n i'n gobeithio ei ddal ar glawr fy record hir gyntaf, *Hiraeth*, yn 1972. Elwyn Davies, fy nghymydog dawnus o Ffordd Mela, a'i cynlluniodd.

Tynnwyd y llun ohona i yn tŷ ni yn Radur, a'r môr a'i gychod ym Mhwllheli. Celwydd y camera ar y ffordd i'r gwir. Collwyd y cap llongwr yn ystod ffilmio cyngerdd 'olaf', sbliffiedig, Man, yn y Roundhouse yn Llundain yn 1976.

Recordiau'r Dryw oedd y prif gwmni recordio yr adeg honno. Mi ges groeso gan Dennis Rees, 'Den the Wren', a dyma ddechra sgwennu. Roeddwn i a Mike Parker wedi dod yn ffrindia da drwy gyfnod Parlophone ac mi fuon ni'n dau yn mynd yn ôl a 'mlaen wedyn, o Gaerdydd i Walthamstow, lle'r oedd o'n byw, yn sgwennu caneuon efo'n gilydd. Roedd gen i fôr o drawma i dynnu arno fo, ond doeddwn i ddim yn barod i ddinoethi fy hun yn y caneuon. Roedd hiraeth yr alltud yn emosiwn digon saff.

Mae'r gân agoriadol, 'Hiraeth', yn sôn am yr hiraeth sy'n dod wrth ddeffro, fel llefrith y bora ar garreg y drws. Randy Newman pia'r gwreiddiol, 'Without You', un o fy hoff gyfansoddwyr. Dwi'n newid trywydd y gân fymryn i sôn am hiraeth amwys, y teimlad o golli, o bellter; yr hiraeth sy'n parhau.

O ran cynhyrchu, mae 'Dwynen' yn dibynnu llawer ar sŵn a naws y gitâr. I greu yr effaith, fe'i recordiwyd ar dâp yn rhedeg ar hanner y cyflymdra cywir; techneg ddyfeisiwyd gan Les Paul. O'i chwarae'n ôl wedyn, yn y tempo cywir, mae sain y gitâr yn ddwywaith cyflymach, ac yn codi wythawd i'r entrychion.

Dilyn Dwynwen, ar draeth y bora bach,
A gola'r dydd yn deilchion yn y dŵr.
Dilyn Dwynwen, fy ngeneth lân,
A dim ond niwlen, ar y traeth...

Roedd lle naturiol i 'Madryn' ar y record, ond gyda llai o siwgr nag a roddwyd iddi yn Abbey Road. Wedi i ni wario gormod ar stiwdio, dyma fodloni ar symlrwydd y llais a'r piano Elton John-aidd. Mae'n sôn am 'drên y gweithwyr cynnar, yn rhedag lawr o'r cwm', ond clywed y trenau fyddai'n pasio'r tŷ lle'r oedd Jackie yn byw oeddwn i. Roedd y lein i Lundain yn rhedeg heibio gwaelod yr ardd gefn yn Pearl Street, Splott, Caerdydd, ac mi fyddai sŵn y trên yn ysgwyd y tŷ ac yn ein deffro'n gynnar y bora.

Mae 'Hogia Ynys Môn' yn esiampl dda o sgwennu geiria lol byrfyfyr. Does fawr ddim o synnwyr nac o bwys yn y gân, dim ond awgrym o ryw firi, a salíwt i Mici Plwm wrth basio. Roedd cynnwys 'Lisa Lân', un o fy hoff alawon gwerin, yn fwy o ddifri. Dwi'n ganwr gwerin grwydrodd ymhell o'i gartra. Mae canu'r hen alawon fel dŵad adra.

Cân dyfodd o ddim ydy 'Glaw'. Daeth at ei gilydd wrth i fi a Mike Parker wau alaw a chordia at ei gilydd, yn fyw, ar fyrfyfyr jasaidd eto. Peth gwefreiddiol ydy cychwyn alaw heb wybod i ble yr aiff. Fi a Meic yn cyd-diwnio i'r un mŵd o'r felan felys. Fe'i recordiwyd eto yn greadigol a theimladwy iawn yn 2006 gan Dafydd Dafis gyda Pwyll ap Siôn, ar y record hir chwaethus *Ôl y Fflam*. Cerddor gwych, a gŵr hynaws, dawnus oedd Dafydd, ac mae hiraeth mawr ar ei ôl.

Mi recordiwyd albwm *Hiraeth* ar grwydr; 'Gwylan', 'Dwynwen', 'Hogia Ynys Môn', a 'Fuoch Chi Rioed yn Morio' yn stiwdio Rockfield yn Sir Fynwy (a'r band Hawkwind yn y stiwdio drws nesa). Roedd stiwdio Rockfield mewn hen feudai ar ffarm ger Trefynwy. O'n i'n awyddus i fynd yno i gael y sŵn a'r safon wnaeth y stiwdio yn fyd-enwog. Ond cyntefig o'u cymharu â thechnoleg ddigidol heddiw oedd rhai o'n dulliau ni bryd hynny. Mae dipyn o 'phasio' ar y record, sef yr effaith glywir pan fo dwy fersiwn o'r un peth yn gorwedd ochr yn ochr â'i gilydd. Roedd yn ffasiynol yn y saithdegau. Dim ond pwyso botwm sydd raid i greu'r effaith yn ddigidol heddiw. Yn yr oes analog, roedd angen mwy o ddyfeisgarwch. Roeddan ni'n chwarae'r trac ar ddau beiriant tâp ar y cyd, ac yn gwthio paced sigaréts gwag wedi ei blygu, rhwng y *rollers* ar un o'r peirianna. Wedyn, tra byddai'r tapiau'n rhedeg, fe fydden ni'n symud y paced sigaréts 'nôl a 'mlaen, ac wrth wneud hynny, byddai'r cyflymdra'n crwydro fymryn, a'r gwahaniaeth yn ddigon i greu'r effaith o 'gysgod' y sain newydd yn erbyn y gwreiddiol, oedd yn haws i'w wneud na'i ddisgrifio!

Gyda'r ychydig arian oedd ar ôl, recordiwyd y gweddill yn stiwdio Recordiau'r Dryw yn Abertawe. Hen stiwdio'r BBC oedd hon, heb fawr ddim ynddi ond y piano, a'r meic. Doedd y golau coch uwchben y drws ddim yn gweithio, ac o dro i dro, yn ddirybudd, deuai'r ddynes garedig oedd yn glanhau i fewn efo'r te a'r bisgedi, a galw'n siriol ar draws ein perfformiad, "Garibaldi biskets, boys?"

Tra oeddwn i'n recordio *Hiraeth*, roedd Meic Stevens yn recordio *Gwymon*, a dwi'n meddwl i'r ddwy landio ar stondin Recordiau'r Dryw yn Steddfod Genedlaethol Hwlffordd. Doedd dim o'u tebyg wedi ei glywed yn y Gymraeg cyn hynny. Ond gyda'r croeso, daeth ymateb llai ffafriol gan ambell un oedd yn teimlo bod yr arddull yn 'Americanaidd', sy'n wir wrth gwrs; cyfrwng ddaeth o'r America ydy o yn y bôn.

Fe gafodd *Hiraeth* groeso'r mwyafrif. (Mae hi heddiw yn gwerthu am brisiau gwirion yn y siopau hen recordiau; un ym Marchnad Caerdydd yn ddiweddar am chwe chan punt!) Wedi mwynhau a dysgu wrth arbrofi efo gwahanol arddulliau, o'n i'n awyddus i greu gwaith oedd yn fwy o undod cerddorol; cylch o ganeuon ar un thema, ar gysyniad pendant, fyddai'n hanfodol 'Gymreig'. Dyna pam, yn benderfynol felly, y trois at ddarlun *Salem*.

Salem

YN ÔL Y cloc ar y wal, mae hi'n tynnu am ddeg o'r gloch y bora, wrth i'r bobol setlo yn eu seddi yng Nghapel Salem. Mae'r pendil wedi ei ddal ar gychwyn ei sigl, i gyfleu fod amser yn pasio, ond ar yr un pryd, wedi ei ddal yn ddisymud yn yr eiliad. Rydan ni yn y presennol hwnnw, yng Nghwm Nantcol, yn 1908, gwta bedair blynedd wedi Diwygiad '04. Daw'r arlunydd Curnow Vosper, yn seiclo dros Bont Beser, i gyfeiriad Capel Salem, gydag un law ar ei het, y gwynt yn llenwi ei smoc, a'i baent a'i bapur yn bowndian ar ei gefn. Un sy'n hanu o Gernyw ydy o, yn ôl yn ddiweddar o deithio yn Llydaw, lle cafodd hwyl yn peintio merched yn ardal Morbihan, yn gwisgo'u dillad gwerin i fynd i'r eglwys.

Mae Curnow a'i wraig, y Gymraes o Ferthyr, y foneddiges Constance James, wedi cael mwydro'u penna gan ramant Arglwyddes Llanofer, i gredu fod merched Cymru oll yn mynd o gwmpas eu pethau o dan eu hetiau tal. Tydy o heb weld yr un eto. Ond mae sôn bod yna un het yn y tŷ capel. Honno fydd yn cael ei benthyg, i bob un o'r tair merch ei gwisgo, yn ei thro. Bydd yr ychydig geiniogau yr awr gawn nhw yn ddigon i'w perswadio nhw i wisgo'r hen ddillad. Mi fydd o yno am dair wythnos, yn peintio *Salem*, a *Diwrnod Marchnad*, a Siân Owen, Ty'n y Fawnog fydd ei brif destun. Wn i ddim os ydy o'n gobeithio creu'r eicon Cymreig, y bydd pobol yn sgwennu amdano, a hyd yn oed rhywun yn gwneud record amdano fo, a go brin ei fod o'n

127

meddwl am y sebon wnaiff y darlun ei werthu. A does yna 'run diafol ar ei feddwl o.

Mae un blaenor yno yn ei ddisgwyl, Robat Williams, o Gae'r Meddyg, yn gyndyn, faswn i'n meddwl, i ista yn unrhyw le ond yn ei sedd ei hun, o dan y cloc. Ond Siân Owen sy'n cael prif sylw Curnow. Mae hi wedi dŵad yn ei siôl, ond tydy'r siôl ddim digon diddorol iddo fo, ac yntau wedi gobeithio gweld defnyddiau coeth fel y peintiodd o yn Llydaw. Rhaid fydd gofyn am gael benthyg siôl Mrs Williams, gwraig ficer Harlech. Faswn i'n meddwl fod Owen Siôn am iddo fo styrio. Mae gwaith go iawn yn ei aros ar ei dyddyn.

Mi ddaw mwy nag un Evan i'r sesiwn: Evan Rowlands ac Evan Edward Lloyd. Maen nhw'n gefndryd. Mae Evan Rowlands yn ddall, ac efallai oherwydd hynny, a chanddo duedd i wingo wrth droi ei ben i synhwyro beth sy'n digwydd o'i gwmpas. Evan Edward Lloyd, yn chwech oed, gymerodd ei le. Mae Curnow yn rhoi bocs Quaker Oats iddo, yn lle'i fod o'n troi tudalenna llyfr emyna yn ddi-baid. Sgwn i o ble y daeth y bocs Quaker Oats? O'r tŷ capel, faswn i'n tybio, lle mae nain Evan yn byw. Ymhen blynyddoedd, bydd Evan yn ymgartrefu yn Llanberis. Daw'n fawr ei barch yn yr ardal, yn gymwynaswr, yn ganwr, ac yn gynhyrchydd dramâu. Y fo fydd yn rhoi'r rhan actio gyntaf ar lwyfan i Wilbert Lloyd Roberts. Daw Wilbert yn ei dro yn gyfarwyddwr drama gyda'r BBC, a fo fydd y cyntaf i 'nghyfarwyddo inna, yn Y Llyfr Aur, ar lwyfan Eisteddfod Genedlaethol Pwllheli '55. Ac yn 1974, yn ddiarwybod 'mod i'n cloi cylch bychan o fân gysylltiada, mi sgwenna i gân am yr Evan Edward Lloyd yma. Does dim arwyddocâd mewn perthynas ar hap felly; dim ond rhyw gysur ddaw o deimlo'n bod ni'n perthyn i'n gilydd, bod ganddon ni i gyd ein clwt bychan yn y cwilt mawr.

Ychydig oedd wedi ei sgwennu am *Salem* y llun pan es i ar ôl yr hanes yn '74. Doedd dim cyfrifiaduron yn bod. Roedd hi'n fyd papur a phensal, yn hapus ddi-Ŵgl. Rhaid oedd ymweld â Llyfrgell y Ddinas i chwilio am y ffeithiau, i edrych yn y blychau cardiau indecs am fynegai'r deunydd. Deuai ôl-rifynnau'r *Cymro*, a'r *Cambrian News*, a'r *Herald Cymraeg* o'r cefna wedyn, wedi eu rhwymo rhwng cloria lledr, yn bentyrrau trymion ar fyrdda hirion y llyfrgell, ac ogla'r gorffennol arnyn nhw. O'r hen bapurau newydd rheiny y daeth hynny wyddwn i am *Salem* wrth fynd ati i gyfansoddi'r gwaith.

Yn dilyn fy mhrofiadau yn gwneud *Hiraeth*, dan bwysau y gyllideb a'r cloc, o'n i'n gweld yr apêl o recordio'r cyfan fy hun ar yr aelwyd. Yn '68 daeth peiriant TEAC ar y farchnad oedd yn recordio pedwar trac ar y tâp chwarter modfedd. Fe welwn i y medrwn i 'wneud record' efo hwnnw, ac fe'i prynais. Mae clawr *Salem* yn datgan iddi gael ei recordio yn 'Stiwdio Madryn'. Y gegin gefn a'r TEAC oedd honno, ac yn symudol o'n tŷ ni yn Radur, Caerdydd, i dŷ Mike yn Walthamstow, Llundain. Roedd Mike a fi yr un oed, â'r un chwaeth gerddorol, ac wedi i ni ddatblygu ein llaw fer trwy weithio efo'n gilydd yn Abbey Road, ac yn Rockfield, roeddan ni'n dallt ein gilydd yn rhyfeddol.

Fe es at brosiect *Salem* o ddifri. O'n i wedi gwneud yr holl waith creadigol o'i sgwennu cyn cychwyn ar y recordio, gyda'r un ddisgyblaeth faswn i'n dod i'w defnyddio gyda'r ffilmiau. Fe recordiais i'r cyfan yn fras ar beiriant tâp Sony, i ni gyfeirio ato wrth greu'r record ar y TEAC. Roeddan ni'n 'bownsio' traciau lluosog o drac i drac wrth fynd, a thrwy hynny yn recordio mwy na phedwar trac. Roedd fel gwneud teisen fesul haen; doedd dim troi 'nôl.

Wrth recordio mewn stiwdio, y peth cyntaf sy'n digwydd ydy gosod y meicroffonau ar y *kit* drymiau, mewn bwth o ystafell o fewn y stiwdio, sy'n ynysu'r sŵn rhag mynd ar draws popeth arall. Heb adnoddau felly, roedd rhaid i ni gyfleu rhyw argraff o ddrymiau, ac fe wnaethom hynny gyda beth bynnag oedd wrth law. Mi gofia i recordio un gân yng nghegin Mike yn defnyddio tun o bys wedi eu sychu, i'w hysgwyd fel maracas, a'i fam yn holi pryd y caethai nhw'n ôl, i baratoi cinio i ni. Ac fe glywch y 'drwm bas' yn glir ar 'Evan Edward Lloyd', ond y bocs cardbord y daeth y TEAC ynddo fo ydy hwnnw, wedi ei lapio mewn toweli i dwchu'r sain.

Roedd mwy o hud yn perthyn i'r hen recordiau nag sydd i'w gael mewn ffeil ddigidol; mae yna glawr i'w fwynhau; ceir dwy ochr, sy'n gwahodd rhyw ffurf, a rhyw gysyniad; daeth y cynllun o gael dwy oedfa ar ddwy ochr, 'Oedfa'r Bore' ac 'Oedfa'r Hwyr', yn naturiol iawn. Ceir agoriad emynaidd, a'r syntheseinydd sy'n creu sain yr harmoniwm. Mae'r gân agoriadol wedyn, 'Salem yn y Wlad', yn tyfu o'r darnau emynaidd, ac yn cyflwyno'r cymeriadau ddaw i ista a gwyro pen. Fe wyddwn i fod y capel ger afon Artro, roes i fi'r syniad o'i defnyddio yn yr alegori o daith bywyd fel cwrs afon i'r môr:

Daw y gwastadleoedd,
Fe ddaw 'rafu ar ddŵr afon
A chlywn y tonnau'n torri
Ar y traethau.
Derfydd cwrs pob afon
Ond â'r dŵr ymlaen i'r môr,
Felly ein heneidiau i Gaersalem...

Down at y tyddynnwr a'r saer coed. Robat Williams, 'Y Gŵr o Gae'r Meddyg'; yr unig un sydd yn y darlun oedd yn aelod, ac yn ddiacon yng Nghapel Salem. A finna'n hanu o linach o seiri, hwn oeddwn i'n teimlo agosa ato fo. Rydw i, 'run fath â fo, yn trio dilyn y 'graen' hwnnw yn y byd:

Mae'r gŵr o Gae'r Meddyg
Yn dilyn y graen
A choed glannau Artro yn llyfn dan ei blaen,
A'i ddwylaw yn arwain ei gŷn heibio'r gainc,
Y Gŵr o Gae'r Meddyg, yn dilyn y graen...

Mae 'Abel y Mul' yn bodoli oherwydd i rywun ddweud, 'chewch chi fyth "hit record" gyda thri churiad yn y bar', felly rhaid oedd mynd ati. Mae yna rai, ond maen nhw'n brin. Does dim arwyddocâd mawr iddi fel arall. Mae Ifan (Edward Lloyd) yn dianc o'r cwrdd i neidio ar gefn ei ful. Go lew oedd y syniad hwnnw. Rhyw atgof o ddarllen *Nedw* gan E. Tegla Davies, efallai. (Mae'r ddelwedd drawiadol sydd ar ei glawr, o'r mul rhwng llorpiau'r drol, wedi ei beintio fel sebra trwy ddireidi Nedw ac Wmffre, yn aros yn y cof.)

Dwi'n hoff o'r gân werin 'Aderyn Du'. Mae'r alaw yn bur a theimladwy. Mi chwaraeon ni efo'r harmoni, ac mi ychwanegais gân deryn du go iawn. Mae 'ngwaith i'n cael ei ddisgrifio fel 'psych-folk' mewn ambell fan. Roedd rhaid i mi chwilio ystyr hynny. Mae'n debyg bod ychwanegu effeithiau felly yn rhan o arddull 'psych-folk'. Pwy wydda?

O gasgliad T. H. Parry-Williams y daeth cân yr 'Hen Benillion', i gynnwys awgrym o ffordd o fyw oedd yn llai 'parchus' nag y byddai diaconiaid y capeli yn ei gymeradwyo: 'Rwyf yn ofer, rwyf yn yfed; Rwyf yn g'wilydd gwlad i'm gweled'. Wrth bori yng ngwefan ardderchog Llyfrgell Genedlaethol Cymru o'r hen bapurau newydd, fe ddois ar draws hyn, yn yr *Herald Cymraeg*, Rhagfyr 1907:

Y DDIOD. – Cyhuddid William Williams Brondanw,
Llanfrothen, o fod yn feddw yn ffair y "Llan" ar
Galangauaf... Rhoed dirwy o 2s 6c a'r costau. Am drosedd
tebyg, rhoed dirwy o 1s a'r costau ar hen ŵr o'r enw Owen
Jones, Garleg Goch, Harlech. Addawai beidio ymwneyd â'r
ddiod gan na byddai yn hir ar y ddaear.

Mae'n rhesymol casglu mai'r un Owen ydy'r 'Owen
Jones, Garleg Goch' anffodus hwn ag Owen Siôn o'r
Garleg Goch, welir yn y capel yn y darlun. Roedd Vosper
yn lletya yn agos i dyddyn y brodyr, a synnwn i ddim
nad yn y dafarn y bu iddyn nhw gyfarfod, a tharo bargen
iddyn nhw ista yng Nghapel Salem am ddiwrnod o flaen
yr arlunydd. Darlunio'r ddau frawd wrth eu gwaith mae
'Yn yr Haf'. Daw synth y Moog Satellite eto, â'i redegfeydd
yn wirion o'n cwmpas fel gwybed.

Awyr las,
Blas mwy i'r haf,
Blas mwyar duon,
A'r mieri'n drwm dan lwyth y ffrwytha glas,
Owen Siôn yn stemian,
A William ei frawd,
Braf yw haul i bryfed, ond mae'n boeth i redeg ffarm
Yn yr haf.

O ma hi'n braf yn yr haf,
'Na beth braf ydy'r haf,
Lawr yn Nyffryn Ardudwy,
On'd ydy hi'n braf
Yn yr haf...

Prif gymeriad y darlun sy'n cael y gân agoriadol yn
'Oedfa'r Hwyr', 'Siân Owen Ty'n y Fawnog'. Mae hon
yn cydnabod cerdd T. Rowland Hughes, ddarluniodd y
cymeriadau'n goeth a chofiadwy.

Siân Owen Ty'n y Fawnog, ofynnodd fenthyg siôl,
Ei siôl ei hun oedd frau 'rôl llawer Sul,
Mi glywais sôn a siarad, fod diafol yn y siôl,
Ma rhai sy'n ei gydnabod ym mhob man,
Rhai sy'n gweld y Diafol ym mhob man.

Wrth chwilio am ei wyneb, fe anwybyddant hwy
Y sêl ym muriau Salem, a thawel nerth y ffydd,
Fe ffynnodd ym Meirionnydd, fel grug ar graig y mynydd,
Y gred fod hedd na ŵyr y byd amdano.

Daw 'Ar Lan y Môr ' wedyn, a thriniaeth fwy mentrus
na'r 'Aderyn Du', a'r cordiau'n mynd i gymhlethdodau
jazz. Yna daw 'Laura', na wyddwn i ar y pryd ddim mwy
amdani na'i bod yn 'fwyn ei thôn'. Cymeriad dychmygol
sy'n canu'r gân yma o ffarwél, ac yn addo dychwelyd
pan fydd y 'cae haidd yn felyn, ddiwedd ha". Doeddwn
i ddim yn siŵr os oedd yna haidd yn Ardudwy, na pha
bryd y byddai'r haidd hwnnw'n felyn, ond roedd y geiria
a'r sentiment yn fy mhlesio. Yn reddfol, mi faswn i wedi
mynd yn drymach efo'r cytgan. Yn ffodus, efallai, fedrwn
i ddim. Un o rinweddau gweithio ar bedwar trac ydy
gorfod bod yn gryno.

Dois i wybod mwy am Laura; un hynaws a hwyliog
o Lanfair oedd hi, lle'r oedd ei gŵr Robert yn grydd, a
hithau'n cadw siop yn gwerthu bara, cyn cychwyn menter
yn gwerthu olew i oleuo lampau'r cymdogion. Fues i dipyn
yn hy yn sgwennu amdani o fy nychymyg.

Laura fwyn,
Mae'r llongau yn y bae, yn tynnu ar y tsiaen,
A'r llanw'n llusgo'i draed, lawr wrth y cei.
O Laura fwyn,
Mae'r gwynt yn llenwi'r hwylia, a finna'n mynd i forio,
Diflannaf tros y gorwel gyda hyn.

133

Laura, O Laura,
Laura, Ffarwél.

Cân 'Evan Edward Lloyd' ydy fy hoff gân oddi ar
Salem, petai rhaid dewis. Mae'r cynfas yn tywyllu gen i
yn hon. Mae'n tarddu o 'mhrofiadau fy hun, yn rhodio'r
meysydd, y moroedd o wair yn hafau diddiwedd
plentyndod, yn gwybod, wrth i wybed Mai godi o
'nghwmpas, mai byr fyddai eu hoes. Ac mi wyddwn i,
yn hogyn deuddeg oed â meidroldeb ar fy meddwl, na
ddeuai'r heddiw hwnnw 'byth yn ôl'; bod y gymdeithas,
y capel a'r addolwyr, popeth oll, yn ddarfodedig. 'Ddoe
i neb, ni ddaw yn ôl'.

Mae afon dew o niwl yn golchi godra'r coed
Ac Evan Edward Lloyd yn ddeuddeg oed,
Y byd yn troi o'i gwmpas, ac er mor hir yw'r haf
Ddaw heddiw fyth yn ôl.

Tonnau gwyllt y gwellt, yn torri ar y ddôl,
A'r gwynt yn gwau ei lwybrau, y bugail ffôl,
Er hel y niwl a'i ddal, er hualau'r drain,
Ddaw heddiw fyth yn ôl.

Mae pryfed Mai fel mwg, ym mrigau'r ddraenen wen,
Ar derfyn dydd yn darfod, mor fyr eu hoes,
A thithau'n troedio'r meillion,
A'u sathru dan dy droed,
Ddaw heddiw fyth yn ôl...

Daw fy 'Nos da' wedi hynny, cân fer o ffarwél. Pan
ganon ni hon yn Nolgellau yn 2008, mi wnaethon ni
ymestyn y diwedd. Mi ges flas ar ailadrodd y 'Nos da', fel
aildaro'r emyn. Leciwn i pe bawn i wedi gwneud hynny ar
y record hefyd.

Es i â'r tâp gorffenedig i swyddfa Sain ym Mhen-y-groes a'i roi ar y ddesg. O'n i'n gyfarwydd â gwaith Dafydd Iwan a Huw Jones, ac roedd gen i feddwl mawr ohonyn nhw fel dau gerddor egwyddorol a mentrus. O'n i'n awyddus i weithio gyda'r label newydd. Mi ges ymateb ffafriol iawn, ac fe ryddhawyd *Salem* ar label Sain yn 1974. Doeddwn i ddim isio rhoi'r darlun fel ag y mae o ar y clawr. Ro'n i'n teimlo'i bod hi'n bwysig i gyfleu mai ailddyfeisio, neu ail-greu'r darlun mewn caneuon, oedd fy mwriad. Mae Elwyn Davies wedi cyfleu hynny'n effeithiol iawn trwy ddangos manylder y brif elfen, Siân Owen a'i siôl, ond awgrymu'r gweddill drwy amlinelliad, fel pe bai'r gwaith 'ar y gweill'.

Cafodd y record groeso. Roedd y cyfuniad o'r alawon gwerin a'r caneuon emynaidd, ar destun y darlun eiconig, wedi taro deuddeg. Roeddwn i'n gweld ein bod yn gadael ffordd o fyw, fod byd y capel ar drai, a'n bod ni'n colli rhywbeth oedd yn werthfawr iawn, ond does dim edrych yn ôl i bwyso a mesur, na gofyn ai er gwell yn llwyr y bu'r dylanwad Anghydffurfiol hwnnw ai peidio. Mae'r record yn dewis aros, fel y mae'r darlun, o fewn ffrâm yr heddiw hwnnw.

A rhag i chi feddwl 'mod i mewn rhyw berlewyg crefyddol wrth sgwennu *Salem*, roeddwn i ar yr un pryd yn sgwennu cerddoriaeth a sgriptiau i hysbysebion teledu. Fel cyhoeddwr i Deledu Harlech, roeddwn i'n gorfod gwylio hysbysebion di-ri. Yn eu plith roedd hysbysebion 'lleol', wedi eu gwneud yn rhad, llun neu ddau a llais moel yn gwerthu'r neges. Mi welwn i y gallwn i gynnig dipyn mwy o sglein i'r hysbysebion, ac am bris rhesymol. Felly rhwng sgwennu 'Siân Owen Ty'n y Fawnog' a'r 'Gŵr o Gae'r Meddyg', roeddwn i'n gwerthu, yn sgwennu ac yn recordio fy hun yn canu 'jingls' fel:

Your penny buys more
at a Peacocks store!

Ond daeth trasiedi hefyd yn '74. Collais ffrind annwyl, Derek Boote. Bu farw Derek o losgiadau difrifol wedi damwain erchyll wrth recordio rhaglen blant i'r BBC. Yn ystod toriad yn y saethu, aeth Derek am smôc yng ngwisg ei gymeriad, ac mi daniodd y siwt amdano, yn wenfflam. Aeth Hywel a fi i'w weld yn yr Ysbyty Llosgiadau yng Nghas-gwent. Mi gofia i'n iawn Hywel a minna'n teithio'n ôl i Gaerdydd, yn dawel iawn. Roeddan ni'n dallt na fydden ni fyth eto yn gweld ein ffrind hoff yn fyw. A dyna un o gerrig milltir fy mywyd; ar drothwy fy nhridegau daeth diwedd dyddia'r byw'n ddiofal.

Yn ystod y chwedegau roeddwn i a Hywel wedi treulio oria lawer yng nghwmni Derek. Roedd y ddau o Sir Fôn yn nabod ei gilydd yn dda ers dyddiau'r ysgol yn Llangefni. Un difyr iawn oedd Derek, yn fawr ac yn fwyn, ac yn garedig a haelionus. Mi fydda fo'n aml yn mynnu gwario peth o'i ffioedd sesiwn fel chwaraewr bas, i godi'r bil yn y Ming Hong. Mae Derek i'w glywed ar recordiau yn agos i ugain o artistiaid a bandia drwy'r chwedegau a'r saithdegau; yn eu plith roedd Bois y Blacbord, Hogia'r Wyddfa, Triban, Treflyn, Ryan, Tony ac Aloma, ac yn y flwyddyn olaf honno, Max Boyce. Fe'i clywch ar y bas yn

Live at Treorchy, yn dilyn Max yn fyw, yn gelfydd, ac yn ei arwain yn gadarn i mewn i'r cytgan, 'And they were singing, Hymns and Arias...'

Yn hwyl clwb y BBC yn niwedd y chwedegau, doedd dim arlliw o'r tristwch oedd yn ein haros. Roedd Derek yn ddynwaredwr da a doniol, yn dŵad â chriw o leisiau i'r cwmni, fel Spike Milligan, Harry Secombe a Peter Sellers. Roedd yn gerddor da iawn, yn bwysig eithriadol yng nghyfnod cynnar y canu pop, yn offerynnwr abl ar y gitâr fas, ac yn ganwr melodaidd. Mae ei lais cynnes, ystwyth i'w glywed ar ei record fer o hanner dwsin o ganeuon, *Byw'n Rhydd*, a recordiwyd yn '68, ac mae fideo ohono'n canu 'Titrwm Tatrwm' i'w weld ar y we.

Pan ddechreuodd Hywel a fi sgwennu caneuon, daeth Derek atom ni i ffurfio triawd. Roeddan ni'n ymarfer yn y selar o dan glwb y BBC yn 118 Newport Road. Fe brynon ni offer newydd, Guild Starfire goch i fi, na chofia i ddim ble'r aeth hi, a rhywbeth tebyg i Hywel. Roedd yna fwy o sŵn na sglein yn dod o'r selar, ac fe ddeuai ambell i gais o'r bar uwchben i ni fod yn dawel. 'Efô' oedd yr unig gân sgwennodd Hywel a fi, 'radeg honno, gafodd berfformiad. Mae hi i'w chael ar y record *Rhagor o'r Bara Menyn* gan Meic Stevens, Geraint Jarman a Heather Jones, er nad oes sôn amdanom ni arni fel cyfansoddwyr.

Mae hi hefyd ar y record hynod *Cofio?*, gan artistiaid amrywiol, gynhyrchodd Eurof Williams yn '67. Dehongliad diddorol iawn oedd hwn, gyda neb llai na Dafydd Iwan yn ei chanu, i gyfeiliant sŵn traed ar gerdded, a Hefin Elis yn llefaru. Mae'r holl record yn ddifyr iawn, wedi ei 'churadu' yn ysbryd y Dyniadon gan Eurof, ac yn cynnwys un o fy hoff draciau, 'Mynd i Weld y Defaid', gan Catrin Edwards ac Ann Hopcyn, gyda'r llinell drawiadol 'Wel diolch i Dduw i ni gwrdd, Ti yw fy unig hwrdd'.

Yr operâu

RHYDDHAWYD *SALEM* YN yr haf, a rhywbryd wedyn, o fewn rhyw fis go lew, gofynnodd pennaeth Adran Ddrama BBC Cymru, John Hefin, faswn i'n hoffi sgwennu thema gerddorol i gyfres newydd oedd ar droed. 'Cyfres sebon' fyddai hon. Cychwynnodd yr operâu sebon yn America, yn y tridegau, pan ddechreuodd y cwmnïau sebon ariannu dramâu byrion ar y gorsafoedd radio, i gadw'r gwrandawyr yn selog, a'u cael i glywed yr hysbysebion sebon. Daeth y dramâu yn fwy sylweddol gyda dyfodiad y teledu. Roedd pob darlledwr isio 'opera sebon' i ddenu a chadw'i gynulleidfa. Da o beth fyddai i Gymru gael ei 'sebon' hithau. *Pobol y Cwm* oedd hwnnw.

Un hynaws a diwylliedig oedd John, yn eang ei wybodaeth ac yn barod i ymddiried. Roedd wedi estyn y gwahoddiad i fi wedi iddo glywed a mwynhau y record *Salem*. Ei obaith oedd y medrwn i sgwennu rhywbeth fyddai'n 'Gymreig' felly, yn werinol ond eto'n wreiddiol. Es ati i recordio'r pwt ar y peiriant tâp yn tŷ ni. Anfonais y tâp chwarter modfedd at John. Roedd o a phawb wedi eu plesio ac fe'i defnyddiwyd. Ces wahoddiad i fynd i'r stiwdio i weld y darllediad cyntaf yn 'Yr Ystafell Werdd', lle byddai'r byddigions yn cael mynd. Tri ohonon ni oedd yno yn gwylio'r bennod gyntaf; fi, a'r hyfryd Gillian Elisa (doedd Sabrina ddim yn ymddangos yn y bennod gyntaf), ac yn wefr annisgwyl i fi, y bardd, Syr T. H. Parry-Williams, oedd i'w weld yn mwynhau gwylio'r bennod, gyda llymaid o win a mymryn o gaws yn ein cwmni.

Wedi mwynhau dathliadau cychwyn *Pobol y Cwm*, yn ôl â fi at fy ngwaith. Roeddwn i wedi hen flino ar fod yn gyhoeddwr. Y camgymeriad wnes i oedd meddwl y byddai cyhoeddwyr HTV yn cael yr un cyfleon i symud ymlaen i gynhyrchu ag oedd i'w cael yn y BBC. Ond roedd croesi'r ffin honno yn anodd i berfformiwr ar deledu annibynnol. Deuai pob apwyntiad dan sylw'r undebau, oedd yn dadlau fod yr iaith Gymraeg yn rhoi mantais annheg i'w siaradwyr. Am bob swydd roddid i Gymro Cymraeg ei iaith, roedd rhaid rhoi'r un cyfle i rywun nad oedd yn siaradwr Cymraeg. Mewn byd lle'r oedd anallu yn cael ei gyfri'n gymhwyster, dechreuais anobeithio.

Ond o'r diwedd, daeth swydd rheolwr llawr i mi ymgeisio amdani yn HTV, ac fe'i cefais. Ces ddechrau dysgu crefft cyfarwyddo wrth reoli'r stiwdio. Fe ges i yn agos i bum mlynedd 'o flaen y mast', yn gweithio ar bob math o raglenni. Un o'r cynhyrchwyr gora i weithio iddi oedd Dorothy Williams o Gricieth. Roedd *Hamdden*, ei rhaglen i ferched yn y pnawnia, yn raenus iawn bob amser, a phopeth yn drefnus. Un tro, gofynnodd i mi os gwyddwn i am gar da a chyfleus i Wil Sam edrych arno fo, i gynghori merched sut i brynu car ail-law. Roedd gen i Driumph Herald oedd yn gonfyrtibl. Dyma fi'n dŵad â fo i'r stiwdio, i Wil Sam gymryd golwg arno fo. "Un o'r petha pwysica i feddwl amdano fo wrth sbio ar gar ail-law ydy sut ogla sydd arno fo," meddai Wil, "a ma 'na ogla da ar hwn."

Yr hwyl gora oedd bod yn rheolwr llawr yn ogof afreolus *Miri Mawr*, gyda fy arwyr, Robin Griffith; John Ogwen; Dafydd Hywel; John Pierce Jones a Dewi Pws, neu Blodyn Tatws; Llewelyn; Caleb; Dan Dŵr a'r Dyn Creu fel yr oeddan nhw i'r plant. Daeth Robin Griffith, Dafydd Hywel a Dewi Pws i berfformio'r opera roc *Melltith ar y Nyth* yn 1975.

Syniad cynhyrchydd y BBC, Rhydderch Jones, oedd yr opera roc. Roeddwn i wedi gweithio o'r blaen efo fo pan o'n i'n sgwennu sgriptiau i'r gyfres ddychan *Stiwdio B*. O'n i'n gyfarwydd iawn â'i fwrlwm difyr o frwdfrydedd. Stori Branwen oedd ar ei feddwl. Roedd wedi mwynhau *Salem* yn fawr, ac mi feddyliodd y gellid llunio hanes y chwedl yn yr un arddull, ac y byddai cerddoriaeth gen i, a geiriau gan Hywel Gwynfryn, yn gyfuniad da.

Aethon ni ati i sgwennu. Roedd yna gyfoeth o emosiynau i dynnu arnyn nhw yn y gwrthdaro: tynerwch, llid, gobaith a galar, digon i tua ugain o ganeuon. Yn ôl fy arfer, es i ati wedyn i lunio'r caneuon efo geiriau brysiog byrfyfyr, a'u rhoi ar dâp, i Hywel wedyn roi y geiriau go iawn iddyn nhw, a gwefr bob amser oedd derbyn ei eiriau gwych a gafaelgar yn ôl.

O dro i dro byddai'n cymeryd rhyw bwt o 'ngeiriau ffwr'-â-hi gen i, a'u cadw. Roeddwn i angen yr un cymal ychwanegol, yn gerddorol, ar y gri 'Fi yw Efnisien', ac mi ychwanegais 'roedd rhaid i rywun fod' i'w gwblhau. Cadwodd Hywel y pwt ac mi leisiodd Dafydd Hywel drasiedi ei felltith, a chraidd y chwedl, yn yr un cymal hwnnw.

A pha well Branwen oedd i ni na Gillian Elisa, yn hardd a swynol, a thrist yn ei chaethiwed? Daeth Dewi Pws at y gân 'Melltith ar y Nyth' gyda'r un ymroddiad. Ymsythodd y diweddar Robin Griffith i lenwi sgidiau mawrion Bendigeidfran. Creodd Robin ystod eang o gymeriadau i ni yn ystod ei yrfa. Ces y fraint a'r hwyl o gydweithio gyda'i Flodyn Tatws, ar *Miri Mawr*, a daeth i chwarae rhan Yncl Wil beryglus orffwyll i mi ar gyfer *Un Nos Ola*

Leuad. Aeth at bob rhan gyda'r cyfan oedd ganddo. Hen ystrydeb ydy'r 'braint a phleser', ond dyna oeddwn i'n ei deimlo wrth weithio gyda'r holl gwmni talentog hwnnw.

Fe recordiwyd *Melltith ar y Nyth* yn stiwdio'r BBC yn Llundain, ac fe aethom oll yn fintai yno, fel cast un o gomedïau Ealing, ac wedi'r recordiad cafwyd gwledd yn Soho, ac ym mwyty Groegaidd y Dolffin Glas, fe ddawnsiodd Branwen a Matholwch ar y byrddau, bytheiriodd Efnisien, cadwodd Bendigeidfran yr heddwch, ac fe dalodd Rhydderch y bil. Noson arall i'w chofio.

Ac yn 1975, gofynnodd 'DH' i fi sgwennu dwy gân ar gyfer 'Caleb', iddo fo berfformio yn Eisteddfod yr Urdd, Llanelli, yn arddull ei arwr, Jerry Lee Lewis. Twrch daear mawr du o ogof *Miri Mawr* oedd yr annwyl Caleb, ac un o uchafbwyntia fy ngyrfa, heb os, oedd cael chwarae roc a rôl blêr iawn ar y Telecaster wrth ochr Caleb ar lwyfan genedlaethol yr Urdd. 'Shigla dy Ali Bops' oedd teitl bythgofiadwy un o'r caneuon y ces i'r pleser a'r hwyl anarchaidd o'i sgwennu efo'r unigryw Dewi 'Pws' Morris, a'n gadawodd mor sydyn yn ddiweddar.

Daeth comisiwn arall i sgwennu opera roc, y tro hwn yn 1977, ar gais Emyr Edwards, o'i libreto 'Harri' am helyntion y môr-leidr yn y Caribî, ar gyfer Cwmni Theatr yr Urdd. Braf oedd cael chwarae efo dylanwadau Sbaenaidd, a Chatholig, a difyr iawn oedd y profiad. Mi fues i'n ffodus iawn fod y gantores ddisglair Siân James yn un o'r criw, yn bedair ar ddeg bryd hynny. Fe ddaeth hi â'r caneuon yn fyw iawn, ond llithrodd yr opera trwy'r tylla i rywle.

Syrffio Mewn Cariad

AR ÔL PARCHUSRWYDD *Salem*, o'n i isio creu rhyw ddifyrrwch ysgafnach, rhyw ffantasïa. Yn 1972 cychwynnais ddyfeisio *Syrffio Mewn Cariad* yn fwriadol ysgafn, o'r chwarae ar y gair yn y teitl i 'Dôn y Botel' ar ei diwedd. O'n i am ddilyn hynt y llongwr dychmygol oddi ar record *Salem* i bellafoedd byd.

Yn yr oes analog roedd pob rhaglen angen twmpath o 'gapsiynau'; darluniau neu waith celf wedi eu gludo ar gardiau duon, i'w dal o flaen y camera yn y stiwdio. O'r Adran Graffeg y deuai'r rheiny; lle braf i ymweld ag o, yn ynys o greadigrwydd tawel. Roedd Bryan Gibbons yn un o'r dylunwyr graffeg, yn ŵr cwrtais, yn tynnu'n feddylgar ar ei bibell wrth i fi sôn am y cysyniad, a'i holi tybed fyddai ganddo awydd cynllunio'r clawr? Fe'm synnodd braidd gyda'r gwaith gorffenedig. Dwi'n meddwl ei fod yn wych; graffiti o steil syrffio yn y teitl, lliwiau'r môr,

a phorffor ffasiynol y cyfnod, yn torri'r ffrâm yn effeithiol.

Mi ges groeso gan Sain i fynd i'w stiwdio fechan yng Ngwernafalau, Llandwrog, ond roedd dyddiadau recordio *Syrffio* yn gyfyng. Doedd Mike Parker ddim ar gael gan ei fod wedi derbyn gwaith yn cyfeilio ar y gitâr i Andy Williams, y crwnar byd-enwog, a'r pianydd Michel Legrand, mewn cyngerdd yn y London Palladium. Felly dyma fi'n penderfynu bachu cyfle i recordio'r piano, y bas a'r drymia gyda Mike Parker, Mike Thorn a Bobby Wackett yn stiwdio Riverside yn Twickenham, yn hwylus o fewn diwrnod. Aeth Mike ymlaen at ei daith, a rhois fenthyg fy gitâr Gibson J-45 iddo i gyfeilio i Andy Williams.

Fe fyddai hunangofiant yr hen gitâr brynais yn newydd ar gyfer recordio *Madryn* yn Abbey Road yn ddifyr. Yn niwedd y saithdegau, wedi rhoi i fi *Salem*, a thiwn *Pobol y Cwm*, aeth y Gibson J-45 i ddwylo fy ffrind Alun 'Sbardun' Huws. Fe'i gwerthais iddo'n fyrbwyll ffôl, ar dân i brynu gitâr drydan arall, Telecaster '63 o'n i wedi'i ffansïo. Wedi'r mileniwm, diolch i Sbardun, ces wahoddiad i ymuno â chriw ciniawa o hen gerddorion. Fe ddyfnhaodd ein cyfeillgarwch tros lawer cinio diddan, a braf oedd mynd i gwt sgwennu Sbardun, yn ei ardd yn y Barri, a chael gwrando arno fo yn chwarae 'Strydoedd Aberstalwm', ar fy hen gyfaill, y J-45. Mae deng mlynedd wedi pasio, ond dwi'n dal i deimlo colled ar ôl Sbardun. Dwi'n gobeithio cael blynyddoedd o giniawa eto efo'r hen gerddorion, a chodi'n gwydra jinjibîar i gofio'n brodyr hoff, a aeth o'n blaenau.

'Nôl yn '76, aeth fy gitâr J-45 i'r London Palladium, i chwarae 'Moon River' efo Andy Williams, ac fe es inna i Landwrog, i stiwdio Sain, i recordio gweddill y traciau sain ar gyfer *Syrffio Mewn Cariad*. Dim ond y fi a'r dyfal gynhyrchydd Hefin Elis oedd wrth y ddesg yn y beudy ar fuarth Gwernafalau. Roedd hi'n haf poeth braf, ond yn nhywyllwch y stiwdio y buon ni am oriau lawer. Roedd yno beiriant newydd wyth trac. Gyda thri o'r offerynna wedi eu recordio'n barod, yn Llundain, roedd pum trac gwag ar gael. Fi ychwanegodd y gitârs i gyd, a'r lleisia, ac mi fuon ni'n dau yn chwarae'r syntheseinyddion, y clychau, y carnau ceffylau, y poteli gweigion, a phadell i ffrio'r mecryll!

'Rôl 'segura'n y Sargasso', anfonais y morwr o Ardudwy draw i Rio, at y cei hwnnw, ac at ryw Ddolores a'i 'gadawodd yn ddolurus'. Yna cân i ddinas 'Santiago', gyda'i chlychau, sy'n gobeithio bod yn epig sinematig anthemaidd. 'Bandit yr Andes' ddaw nesa (fenthyciwyd o lyfr Bryn Williams ac *Awr y Plant* radio'r pumdegau):

Dau wn, yn poeri plwm,
Mae'r bandit yn y dre,
Yn llanc, yn swanc, yn gwagio'r banc,
Pob dima goch sydd yn y lle!

Aeth y morwr ymlaen i grwydro eangderau'r Pasiffig, a galw yn Shanghai, cyn glanio ar draeth ynys fechan, rhywle ym Mholynesia. Fel broc môr sy'n cyfeirio'n ôl at *Salem*...

Crwydro o fôr i fôr, heb angor ar y gwynt,
"Welsoch chi Dolores, wyddoch chi ei hynt?"
Pob gobaith yma'n marw fel ton ar draeth,
O Lora, O Lora,
Dim ond broc môr, dyna i gyd,
Rhwng dau lanw 'mhen draw byd...

Ond 'Macrall Wedi Ffrio' a blesiodd y gynulleidfa fwya – hanes y morwr, yn byw fel brenin ar ei ynys bellennig, ond yn hiraethu am gael dŵad adra:

Plwc y mecryll cynnar
Yn crynu ar y lein,
Tocyn Brwyn yn hymian

Yn yr haul,
A'r Afon Goch yn diogi
A 'rafu dan y dail,
Macrall wedi ffrio fasa'n dda,
Alo-ha!

Atgofion sy'n y gân, o gael mynd i 'sgota efo 'Brenin y Mecryll', Jac Ben. Yng ngheg yr harbwr ger Tocyn Brwyn, roedd *Benita*, cwch 'sgota Jac, 'yn tynnu ar y tsiaen'. Fe'i henwodd ar ôl ei ferch, oedd yn 'rysgol efo fi. O'n i'n hoff iawn o fynd i'r aber i weld y llongau ac mi ges wahoddiad gan Jac i fynd 'yn griw' ar ei gwch. Ar flaen llanw, â'r gwres yn codi ddechrau'r haf, allan â ni i'r bae. Byddai Jac yn diffodd yr injan, a fo a finna'n gollwng ein jigiau chwe bachyn i'r dŵr. Mi fydden ni'n ista'n dawal yno, ni a'r gwylanod, yn gwylio'r dŵr am ferw'r silod bach yn ffoi rhag mecryll i'r wyneb.

'Sgodyn cryf a barus ydy'r macrall, yn gefndar bach i'r tiwna. Pan maen nhw'n bachu, mi gewch chi blwc

sydyn, ac os byddai'r mecryll yn rhedag, yn heigio, mi fydden ni'n eu tynnu i'r cwch fesul hanner dwsin. Yn ôl â ni i'r harbwr, yn drymach o fecryll, a thra byddai Jac yn agor a sbarnu'r

Jac Ben yn gwerthu'r mecryll

145

mecryll â chyllell fain, finiog, mi fyddwn i'n estyn am y
bwcad i olchi'r dec, a'i gollwng dros yr ochr i'w llenwi
efo dŵr môr. Un tro, wrth i mi ei thynnu'n llawn o'r dŵr
yn ôl i'r cwch, mi dorrodd y cortyn, ac i lawr â'r bwcad i
gwpwr' Defi Jôs. Roedd colli bwcad dros fwrdd y llong yn
siŵr o ddŵad ag anlwc. Ar ôl fy rhegi'n forwrol, dyma Jac
yn sbio arna i o dan ei aelia tywyll, a dechra canu rhyw
hen emyn am longwrs yn boddi, "Throw out the lifeline,
throw out the lifeline... Someone is sinking today..." a
chwerthin wrth fy ngweld i'n gwelwi.

Mae mecryll yn troi'n gyflym, a rhaid eu gwerthu'n
ffresh o'r môr. A dyna fyddai Jac yn ei weiddi wrth fynd â'i
drol rownd y dre: "Mecryll ffresh o'r môr!" Ac mi gaethwn
i ddwy facrall i fynd adra i Mam. O bopeth wnes i, yn
gerddorol, ffwlbri *Syrffio Mewn Cariad* oedd fwya o hwyl.
Mi roddon ni fwndal o gerddoriaeth ar dâp, a hwnnw'n
fwy 'ar fy liwt fy hun', y chwarae a'r trefniant, na llawer
i beth arall wnes i. Y drafferth, os oedd yna un, oedd fod
yr holl beth yn ormod o chwiw bersonol, efallai yn rhy
bell o'r profiad Cymreig i ennill sylw. Ond peth difyr ydy
cael dianc i fyd sydd ddim wedi ei wau o liwiau'r rhedyn,
a'r brethyn, at fyd y cwrel a'r coconyts, a chael mynd
dros ben llestri o dro i dro. Mae'n cloi yn sŵn emyn-dôn
Diwygiad '04, 'Ebeneser', 'Tôn y Botel', 'Dyma Gariad fel y
moroedd, Tosturiaethau fel y lli', sydd wedyn yn llithro'n
bowld ac amharchus i bwt o 'I do like to be beside the
seaside'. Roeddwn i'n tacio i gyfeiriad newydd. *Aloha!*

Injaroc

UN O'R PETHA mwya modern odidog yn nhre Pwllheli
oedd Chevrolet Impala Victor Barma; yn fawr, yn las fel
awyr Bel-Air, a fflachiadau gwyn lawr ei ochra, ac ar ei
din fel dau fys, roedd dwy ffîn 'sbïwch arnaf fi' finiog. Roc
a rôl ar olwynion. Brenin yr injaroc oedd Victor Barma;
y peth melys pinc o siwgr pur hwnnw, â'r llythrennau
Pwllheli yn rhedeg yn rhuddin trwyddo. Dyna'r oeddwn
i wedi'i obeithio wrth gynnig 'Injaroc' fel enw i'r band
newydd: canu cyfoes, efo rhywfaint o 'sbïwch arnaf fi' y
Chevrolet Impala. Ond melys chwerw fu ei flas.

Dechra'r stori oedd i mi a Jackie fod yn ciniawa yn
nhŷ bwyta'r Pantri yn Nhrefdraeth, yn ystod Eisteddfod 'y
Llwch' Aberteifi, yn haf hirboeth 1976. Daeth Hefin Elis
a Caryl Parry Jones at y bwrdd. Dwi'n cofio'r cyfarfod
yn euraidd, a ta waeth beth ddigwyddodd i Injaroc, peth

gwych ar ôl teimlo'n belican yn yr anialwch oedd cyfarfod pobol oedd o'r un anian, oedd yn rhannu'r un gobeithion â fi. Yn steil y saithdegau, roeddan ni'n pedwar yn swanc, y dynion hirwallt yn eu siwtiau, a'r merched yn eu ffrogiau hirion. Dim un clwt o ddenim ar ein cyfyl.

Dyma rannu bwrdd, ac wedi sgwrs hir, a sôn am gerddoriaeth y 'West Coast', am yr Eagles, a'r Brodyr Doobie ac ati, dyma nhw'n gofyn faswn i'n hoffi ymuno â grŵp newydd, fyddai'n gyfuniad o Edward H (heb Dewi Pws), Caryl a Sioned Mair o Sidan, Geraint Griffiths a fi.

Syfrdan, a mymryn yn starstryc oeddwn i. Byddai gan y band newydd yma adnoddau helaeth; hyd yn oed heb bresenoldeb sylweddol Dewi Pws, roedd aelodau Edward H yn sêr. O'n i wedi sylwi ar gyfraniad medrus Geraint Griffiths ar '*Sneb yn Becso Dam*, a chyffrous iawn fyddai cael gweithio efo Caryl a Sioned. Roedd record *Teulu Yncl Sam*, gan Sidan, wedi fy mhlesio'n fawr, o safbwynt y cynhyrchu a safon y perfformio, ond yn arbennig oherwydd cyfansoddiadau disglair Caryl. Ond o'n i'n cyfri ar fy mysedd: wyth o bobol.

Er 'mod i'n amheus, mi wnes i gytuno'n y fan a'r lle, a chyn hir roeddwn i ar daith i'r gwesty 'does neb a ŵyr ymhle', i ni i gyd ddŵad i nabod ein gilydd. Roedd y wasg yn awyddus i lenwi'r gwagle adawodd Edward H yn y 'Sîn Roc Gymraeg', ac fe dynnwyd lluniau o'r wyth gobeithiol yn ymlacio o gwmpas pwll nofio, wnaeth ddim lles i'n delwedd. Mi fuon ni'n brysur am ychydig fisoedd wedyn yn teithio i ymarfer yn Aberystwyth, ac unwaith neu ddwy, yr holl ffordd i'r cwt sinc gwyrdd hwnnw ym Minffordd. Tri chan milltir a mwy yn ôl ac ymlaen i ymarfer! Fuon ni hefyd draw yng Ngheredigion, yn y Dderwen Gam lle'r oedd Cleif yn byw, a lle'r oeddan ni i gyd yn aros, a dipyn o hwyl i fi oedd cysgu ar y lloria fel stiwdant eto! Cafwyd ymarfer brwd yn Theatr Felinfach. Roedd pawb mewn hwylia da, yn teimlo'n bod ni'n asio, ac yn edrych 'mlaen at berfformiadau cyhoeddus.

Ond roedd gormod o filltiroedd rhyngddon ni, gormod o gyfansoddwyr, gormod o gitârs, gormod ohonon ni i'w talu yn y farchnad Gymraeg, ond yn fwy o rwystr na'r rhain oll, roedd gormod o ddilynwyr Edward H yn dal dig yn ddireswm. Roedd yna wenwyn yn yr inc hefyd, ac adolygiadau gwirion o eithafol yn y wasg yn ein herbyn, ac o'n plaid. O chwilio am agwedd bositif, roedd o leiaf yn arwydd fod y busnas canu roc yn y Gymraeg ar gynnydd, yn fyw, ac yn cicio.

O fewn y band, roedd rhai mân densiynau ynglŷn â 'chyfeiriad cerddorol', yn enwedig gyda 'Calon', un o ganeuon Caryl, a gyda 'Swllt a Naw' gen i, er mai dyna'r ddwy gân sydd wedi cael fwyaf o sylw dros y blynyddoedd. Faswn i'n cytuno bod y gwahaniaethau mawr mewn arddull yn wendid. Fuodd yna fawr ddim cydsgwennu. O ganlyniad, roedd y record yn fwy o samplar o waith unigolion na chywaith band.

Er mai oes fer, ac aflwyddiannus, gafodd y band, mi wnes i fwynhau'r profiad. Os cofia i'n iawn roedd y cyngerdd cyntaf yng Ngholeg Aberystwyth, lle'r oedd dilynwyr anhapus a meddw Edward H yn ein haros yn swnllyd. Daeth hi'n well ar ôl hynny, gydag un cyngerdd cofiadwy, ym Merthyr, o bob man, lle nad oedd 'neb yn becso dam' am Edward H. Ond yn Steddfod Wrecsam, ar y Cae Ras, yn ein cyngerdd pwysicaf o'r flwyddyn, ein trydydd cyngerdd ar ddeg, daeth ffawd i dorri ein crib. Mewn storm enbyd o gurlaw a mellt, chawson ni ddim mentro ar y llwyfan gan yr awdurdodau, er mwyn ein diogelwch. Daeth y noson i ben yn gynnar. Aeth y gynulleidfa adra yn flin ac yn wlyb. Aethon ni am gyrri,

149

â phawb yn isel ei ysbryd. A dyma rywun, fi efallai, yn gofyn, "Ydan ni wirioneddol eisiau gwneud mwy o hyn?" Roedd yr Injaroc wedi chwythu ei blwc.

Dros y blynyddoedd, dwi wedi cadw cysylltiad â'r aelodau, wedi bod yn hoff iawn o'u cwmni ac wedi rhannu ein tristwch wrth ffarwelio â John a Charli. Fel dywedodd Bogart, bron, "Mi fydd ganddon ni bob amser ein Hinjaroc."

Jîp

Y TRO CYNTAF i mi gyfarfod y cerddor Myfyr Isaac oedd yn stiwdio HTV. Roedd 'Y Capten', y cynhyrchydd Owen Griffiths, wedi dyfeisio cyfres roc â'r teitl 'Jam'. Rheolwr llawr oeddwn i, yn mwynhau'r cynnwrf arbennig pan ddeuai'r bandia i'r stiwdio. Yn eu plith daeth Racing Cars, Shakin' Stevens, Sassafras, a'r triawd trwm o Gaerdydd, Budgie. Yn '75 roeddan nhw wedi rhyddhau *Bandolier*, ac mi ymunodd Myfyr â'r band ar gyfer cyngherddau. Roedd perfformiad grymus Budgie yn y stiwdio yn hoelio sylw pawb, a gwych oedd gweld a chlywed Myf mor feistrolgar yn y band. Mi gawson ni sgwrs am hyn a llall, ac yn fuan wedyn aeth gyda Budgie ar daith i'r America.

O'n i'n awyddus i weithio efo fo, ac efo'r cerddor John Gwyn. Roedd Brân, band roc John, wedi chwalu yn '78, wedi cyfnod llewyrchus iawn, ac arloesol. Roeddan ni'n dau wedi dod o gefndir offerynnol clasurol, ac yn hoffi'r un math o gerddoriaeth gyfoes. Tybed fyddai cyfuniad o Myfyr a fi, a John yn troi at y bas, yn sail i fand? Pan ddaeth Myf yn ôl o 'Merica, dyma ni'n cyfarfod i drafod sut fath o gerddoriaeth oedd yn apelio atom ni. Roedd Myf yn ochri fwy at ddylanwad *jazz*, Herbie Hancock, Chick Corea, a'u tebyg. Roedd gen i recordiau Weather Report, a Jaco Pastorius, a'r Crusaders. Doeddan ni ddim mor bell o'n gilydd. Fe benderfynon ni roi cynnig arni. Y peth pennaf gen i o blaid mentro oedd ein bod ni'n tri, o'r funud gynta, yn chwerthin llawer ac wedi dŵad yn ffrindia da.

Cychwynnais sgwennu a daeth Jîp at ei gilydd. Yn '79 bu gweithwyr HTV, a finna efo nhw, ar streic am 75 niwrnod. Os cofia i'n iawn, roedd yr Undeb yn hawlio codiad o 25%. Aeth rhai i weithio fel garddwyr a pheintwyr tai, ond wnes i fawr ddim ond sgwennu caenuon ar gyfer record hir Jîp, *Genod Oer*. Ac mi adeiladon ni system sain i'r band yn garej tŷ ni. Neu'n fanwl gywir, mi adeiladodd Myf a John y system, ac mi beintiais i focsys yr uchelseinyddion a gwneud y te. Mi gawson ni ein llogi gan nifer o fandia, yn cynnwys yr Alarm, Mike Peters a Spandau Ballet yn eu dyddia cynnar, ac mi gynhaliwyd cyngherddau i bobol felly yn Birmingham a Llundain. Yn aml mi fydden ni'n cyrraedd Caerdydd gyda'r wawr yn torri, i gael brecwast sydyn yn y Black and White Caff yn Grangetown, ac i'r stiwdio â fi wedyn i gyfarwyddo rhaglenni plant.

Bu cyfres o ddrymwyr da iawn efo Jîp, yn cynnwys drymiwr Budgie, y cadarn Steve 'Billy' Williams, oedd yn byw yn Gelli-gaer gyda'i gasgliad o nadroedd, ond Arran Ahmun, o Sgwâr Loudoun, oedd ein drymiwr am y cyfnod hiraf ac Arran sydd ar y record. Gŵr hynaws ydy Arran, a cherddor gwych. Daeth Richard 'Dickie' Dunn a'i allweddell â brath ei doriadau clyfar i bopeth. Caneuon am y bywyd dinesig Cymreig oedd ar y record *Genod Oer*, ond fe'i recordiwyd yn yr Hen Efail, Caerwrangon. Chofia i ddim pam hynny. A fi bwysodd ar i ni fynd at label Gwerin. Doedd dim llawer o synnwyr yn hynny chwaith. Chaethan ni ddim gwell cartra na Sain, ond o'n i'n dal i deimlo fod angen mwy nag un label ar y wlad. O ganlyniad i 'mhenderfyniad, does dim hyrwyddo wedi bod ar *Genod Oer*, a dydy hi ddim yn bod yn unman ym myd y ffrydiau, hyd y gwela i. Mae perfformiad o'r prif drac, 'Halfway', yn fyw ar y casgliad CD triphlyg *Dilyn y Graen* gan Sain, yn rhoi blas yr hwyl gafwyd.

> Tyd draw i'r Halfway heno
> I weld os fydd hi yno,
> I gael mwynhau y pur ddiléit
> O'i gweld hi'n tynnu ar y Leit...

Tafarn y Vulcan yng Nghaerdydd sy'n cael sylw'r clawr, ac erbyn heddiw, mae honno wedi ei symud fesul darn i Sain Ffagan. Ond clwb y Casablanca oedd gìg wythnosol Jîp, yn yr hen 'Tiger Bay'. Hen gapel Cymraeg Bethel aeth i'r gwellt oedd y Casablanca, ond yn y saithdegau, roedd ffyddloniaid newydd yn dod yno i fwynhau cerddoriaeth *jazz*, roc, *reggae* a'r *blues*; a bandiau Cymraeg. Roedd y gynulleidfa yn hanu o bob cwr o'r byd, o'r Yemen, o Somalia, a Jamaica, a Chymry Cymraeg y ddinas, oll yn cael croeso gan y perchennog Carl Johnson "Play that *Dim Ond Heddiw* again, man", oedd â'i deulu'n dod o orllewin Affrica, y 'brodyr o Lŷn a Sierra Leone'.

Bob nos Iau, roeddan ni'n chwarae yno tan yr oria mân. Mae colled i'r Bae ar ei ôl. A dwi'n colli bod yn y band hefyd.

Mae'r unig record, *Genod Oer*, yn agor efo 'Pedwar

yn y Bar'; chwarae ar y geiria oedd hynny, nid cyhoeddi unrhyw faniffesto. Mae 'na dipyn bach o bob dim arni. Mae caneuon fel 'Nôl i Neigwl' a'r prif drac, 'Genod Oer', yn arwydd o egin *Dawnsionara*, ond arddull y disco sydd arni fwya. Oes disco oedd hon, a dyna oedd steil nifer o'r caneuon, ar wely o slap bas medrus John Gwyn, yn dilyn rhythmau deheuig ein drymiwr Arran Ahmun. Gitâr Myf oedd yn cloi'r cyfan at ei gilydd, gydag allweddellau Dickie Dunn yn sos poeth dros bopeth. A finna'n warblo uwchben y cyfan wedyn, yn y modd Beegee-aidd.

Fe ganon ni 'Disgo Gymraeg' wrth gofio dylanwad pwysig dynion y discos, Mici Plwm, Dei Tomos a'u tebyg, ddenodd yr ifanc i'r neuadda pentra i ddawnsio i'r canu Cymraeg. Mae'r gân honno, a 'Doctor', a 'Dim Ond Heddiw' yn gant y cant disco (fe sgwennais 'Dim Ond Heddiw' ar gomisiwn y cynhyrchydd Huw Davies, fel arwyddgan y gyfres ddinesig honno gan Meic Povey ar HTV). Aethon ni i deithio'r clybiau poblogaidd, o Flaendyffryn i'r Dicsi, a rhaid dweud, wedi i mi ddifrïo Bangor, bod llawer o atgofion gora Jîp yno, yn dadweindio yn y Provincial, ym Mangor Ucha ar ôl chwarae yng nghlwb Tanybont, neu Plas Coch, yn bwyta *chilli* yn oria mân y bora yn sŵn Pink Floyd, yr ochor draw i'r lleuad.

Dwi ddim yn cofio unrhyw hir drafod ar ddyfodol Jîp. Roedd yna deimlad fod 'y genhadaeth ffync' wedi rhedeg ei chwrs. Doeddwn i ddim yn mwynhau'r teithio, na'r oriau hirion, a dydw i ddim ychwaith yn un sy'n byw i berfformio ar lwyfan. Ces ddigon ar hynny drwy holl eisteddfota fy mhlentyndod. Doedd dim dianc rhag yr hen ofn hwnnw. Roedd hi'n bryd i mi symud ymlaen. Daeth Jîp i'w ddiwedd, yn ei flas, ar ben draw'r pier yn Aberystwyth, â dim o'n blaenau ond môr o bosibiliadau. Gwnaed y penderfyniad cyn y gìg, ac mi roddodd hynny fwy o sbarc yn y sioe ffarwél, na wyddai neb amdani, ond ni. Mi wnes i fwynhau'r cyfan, dysgu llawer, ac ennill ffrindiau oes. Be gaech chi'n well na hynny? Seren wib oedd Jîp, un flwyddyn, un record, cyn diflannu oddi ar y pier, fel *patchouli* ar y gwynt.

Sêr

CES FY NYRCHAFU'N gyfarwyddwr/gynhyrchydd yng nghanol y saithdegau. Fy nghynhyrchiad cyntaf oedd cyfres ar ganu gwerin gyda Merêd yn cyflwyno. Roedd yn bleser pur, oedd yn troi cylch personol i fi yn daclus, gan 'mod i wedi cychwyn fy ngyrfa yn un o'i ddisgyblion yn y chwedegau. Ces gynnig cartref wedyn yn adran blant Peter Elias Jones. Gofynnodd Pete i mi edrych ar ei gyfres blant, *Seren Wib*. Roedd yn teimlo fod angen ailddyfeisio'r syniad.

O'n i'n gweld ffordd o fod yn fwy cyfoes, ac ymestyn ein maes i gynnwys plant hŷn a phobol ifanc. Mi wyddwn i hefyd, fel cerddor, fod diddordeb yn y mudiad canu poblogaidd ar gynnydd ymysg yr ifanc. Cynigiais ein bod yn rhoi hwi i'r 'Wib', ac ail-lawnsio'r gyfres o dan y teitl 'Sêr', a sefydlu fod yr ail o'r ddau rifyn wythnosol yn canolbwyntio ar gerddoriaeth, at chwaeth yr ifanc; 'roc', yn y bôn.

Pryder Pete oedd na fyddai digon yn digwydd ym maes roc i gynnal rhaglen wythnosol. Roeddwn i'n sicr fy meddwl fod hynny'n bosib. Pe baen ni'n cynnig llwyfan, fe ddeuai 'na berfformwyr i'w throedio. Ac felly y bu. I gadw cwmni i Arfon Haines Davies, a'i gyflwyniad llyfn oedd yn cadw'r cysylltiad â chynulleidfa *Seren Wib* i ni, daeth Caryl Parry Jones, oedd ar fin gadael coleg, ac o'r cychwyn, roedd ei dawn gyflwyno naturiol yn disgleirio. Daeth seren arall i gwblhau'r tîm. Es i Aberystwyth i gyfarfod Bryn Fôn yn y theatr. Gawson ni sgwrs dda, ac fe dderbyniodd Bryn y gwahoddiad i ddod atom ni. Roedd tri chyflwynydd gwych, poblogaidd, egnïol a dyfeisgar ganddon ni. *Sêr* oedd y gyfres wythnosol gyntaf o gerddoriaeth roc yn y Gymraeg. Oedd, roedd wythnosau lle bu rhaid crafu am ddeunydd, ond roeddan ni'n llwyddo, ac wrth roi sylw i'r perfformwyr, roedd eu cynulleidfaoedd nhw yn cynyddu. Roedd y ffioedd âi i'r bandia yn prynu gwell offer iddyn nhw. Ar ail ymweliad, byddai gêr a sŵn y band yn well. Roedd pawb yn elwa. Roedd Edward H wedi dod at ddiwedd eu hoes ond roedd bandia fel Y Trwyna Coch, Ail Symudiad, Y Ficar, Louis a'r Rocars, Crys, Hywel Ffiaidd a'r Llygod Ffyrnig yn ffynnu ac yn ymweld â ni'n rheolaidd. Roedd poblogrwydd haeddiannol Geraint Jarman a'r Cynganeddwyr yn cael pob sylw ganddon ni.

Roedd *Sgrech*, cylchgrawn pwysig Glyn Tomos, yn gaffaeliad mawr i'r canu roc yng Nghymru 'radeg hynny, ond fe geid ynddo'r farn gan rai mai rhyw bobol o Gaerdydd bell oeddan ni, bobol y cyfryngau. O'n i'n awyddus i'n rhyddhau ni o'r stiwdio o dro i dro. Aeth Disco *Sêr* i ymweld ag ysgolion a neuaddau pentref, a chlybiau ieuenctid ym mhob cwr o'r wlad, i gyfarfod ein cynulleidfa. Fe gynhaliwyd cyngherddau *Sêr* yn fyw yn Llanberis, gyda Bando, a gyda Crys.

Gwaith diddiwedd ydy bwydo cyfres hir. Roedd tîm o ymchwilwyr da iawn i'n cynnal; Phil Edwards, Alun 'Sbardun' Huws, ac Emlyn Penny Jones yn ddiflino a dyfeisgar, a mawr fy niolch iddyn nhw. Ges i'r syniad o chwilio'r posibiliadau o gyfnewid deunydd rhyngom ni a rhaglen i blant ar Telefis Eirann. Croesawyd y syniad a daeth y cyflwynydd Ultan Guilfoyle ar awyren o Ddulyn i ymweld â ni, yn Stiwdio *Sêr* yng Nghaerdydd. Estynnodd

Caryl groeso iddo, ac fe gyflwynodd eitem o gynnyrch ei raglen blant. Aethon ninna yn ein tro i Ddulyn, i gyflwyno'n hunain i blant Iwerddon, gydag un o anturiaethau *Sêr*. Ces ista yn y 'Galeri' i wylio'r cynhyrchiad. Roedd cadair wedi ei rhoi i Caryl ista arni, yn un gornel o'r stiwdio, a dim ond llen blaen tu cefn iddi, tra oedd Ultan draw wrth ei ddesg, ar set y rhaglen ar yr ochr arall i'r stiwdio. Fedrwn i weld dim synnwyr yn hynny.

Dyma gychwyn y rhaglen, ac Ultan yn dweud bod linc 'awyr' wedi ei sefydlu rhwng Dulyn a Chaerdydd: "We can go over now to Cardiff, where Caryl is waiting for us. Hello Caryl, how are you all over there?" Cafwyd y cyfweliad rhyfedda wedyn rhwng y ddau, yn ffugio bod cannoedd o filltiroedd rhyngddyn nhw. Mentrais holi wedyn, pam iddyn nhw gymeryd arnynt fod Caryl yn dal yng Nghaerdydd, er ein bod ni wedi hedfan i Ddulyn i'w gweld? Yr ateb oedd fod yr 'air-link' yn costio ffortiwn, a bod mwy o gyffro a sgôp brolio i bawb o smalio ein bod ni'n cynnal sgwrs 'drwy'r awyr'. Mae teithio yn agor y meddwl mewn ffyrdd annisgwyl iawn.

Aethon ni wedyn i stiwdio eu rhaglen gerddoriaeth roc fyw, lle'r oedd yr Undertones i berfformio cân oedd wedi ei hymarfer yn fanwl. O fewn bar neu ddau, daeth yn glir fod Feargal Sharkey a'r Undertones wedi dewis canu cân gwbl wahanol. Fe ddysgon ni regfeydd newydd grymus wrth wylio'r sgriptia'n cael eu taflu i'r awyr. Ond wedyn i'r bar â ni; pawb mewn hwylia da, yn awchus at y Guinness. Galwyd tacsi i fynd â ni i'r gwesty ac ymlaen i'r maes awyr. Rhois y manylion i'r gyrrwr, ac yn grynhoad o'r holl brofiad, meddai hwnnw, "Petawn i am fynd i fanno, faswn i ddim yn cychwyn o fan hyn."

Yn ôl adra, un arall o lawer antur cofiadwy gawson ni oedd rhoi'r her i Bryn redeg o Gaernarfon i Gaerfyrddin, at achos da. Roedd yn rhedeg yn agos i farathon y dydd i ni, ar gamera. Deuai ein gwylwyr ifanc at fin y ffordd i weiddi cefnogaeth iddo fo. Gareth Owen, y dyn camera ymroddgar, oedd yn ffilmio'r daith. Dwi'n cofio Bryn yn dringo Allt Penglais yn Aberystwyth, â'i goesau yn dechrau gwegian, ond roedd Gareth yng nghefn agored y Volvo yn ei annog ymlaen wrth ffilmio, "Tyd 'laen, Bryn, hogia Llan!" ac mi gyrhaeddodd y copa a chroesi'r llinell derfyn. Roedd cael technegwyr oedd yn Gymry Cymraeg yn hollbwysig, a dyma un o'r petha pwysig ddaeth i ni yn sgil S4C; pobol sy'n dallt yr iaith, sy'n dallt y sefyllfa. O'r holl adnoddau sydd gan gynhyrchydd, y criw ydy'r pwysica, a phan fydd popeth arall yn rhedeg yn brin, ymroddiad y criw sy'n achub y dydd.

Roedd sgwennu cerddoriaeth yn dal yn ysfa. Tua'r un adeg, ar ddechrau'r wythdegau, mi fyddwn i'n mynd i wrando ar Arran Ahmun a Richard 'Dickie' Dunn a Pino Palladino yn chwarae lawr yn y Paddle Steamer yn Loudoun Square, Caerdydd. Maen nhw i gyd wedi mynd ymlaen i binaclau'r byd cerddorol; Arran gyda John Martyn, Dickie Dunn gyda Van Morrison, a Pino efo 'pawb'. Roedd ei waith yn arloesol o'r cychwyn. O fewn dim amser roedd yn teithio'r byd yn chwarae gyda The Who, B.B. King, D'Angelo, John Mayer, Harry Styles a mwy. Ac o flaen Pino ar y bas y byddwn i'n sefyll yn y Paddle Steamer, i ryfeddu at ei ddawn. Sy'n dŵad â ni at *Dawnsionara*.

Dawnsionara

DAETH Y CLAWR o lun dynnwyd gan y golygydd/ gyfarwyddwr Aled Evans, dorrodd lawer o ffilmiau *Sêr*, cyngherddau sy'n hanesyddol bellach – Geraint Jarman a'r Cynganeddwyr ar eu gora, a'r cyngerdd hwnnw o ffarwél eto gan Man yn y Roundhouse, a thra byddai'r riliau mawr o ffilm yn cael eu weindio a'u catalogio, roedd digon o amser i sgwrsio, am ffilm, am Ry Cooder, a Lou Reed, ac am deithio. Tra oedd ar ei wylia yn yr Unol Daleithiau, fe dynnodd Aled lun o adeilad yn Houston, Texas. Dwi wedi bod yno fy hun unwaith, mewn gŵyl ffilm od iawn; dinas fwll a digymeriad yr olew a'r hetia mawr. Ond o'n i'n hoffi'r llun yn fawr. Mae adlewyrchiad o ryw adeilad arall yn y grid o ffenestri, fel murddun castell, a llun y craen coch ar y gwydrau wrth ei ochr, fel croes wedi ei darnio. Dadfeilio. Ailadeiladu. Pethau ffansïol ydy'r rheiny, ond ymwneud ag argraffiadau'r isymwybod mae rhywun yn yr ystafell olygu.

Mae ysbryd newydd ar waith yn *Dawnsionara*, a digwyddiadau yn haf '81 sydd i gyfri am hynny i raddau helaeth. Daeth gwahoddiad gan Euryn Ogwen Williams. Faswn i'n dymuno dŵad i ista wrth ei fwrdd ar y lawnt o flaen y Clwb ym Mhontcanna, "i gael sgwrs?" Mae yna foment mewn gyrfa pan mae ffawd yn gwenu. Roedd Euryn ar fin gadael HTV i sefydlu Sianel Pedwar Cymru. Gwelwn wynebau yn ein gwylio y tu ôl i ffenestri'r Clwb. O'n i wedi bod mewn cyfarfodydd yr Undeb pan fyddai'r cynhyrchwyr annibynnol yn cael eu henwi, a'u blacgardio: "Fyddan nhw ddim yn hir cyn dod yn ôl yma i chwilio am waith, ond chawn nhw, fradwyr, ddim croeso fyth ganddon ni, yr Undeb." O fewn blwyddyn, roedd rhai o'r Undebwyr rheiny yn dod ata i, i chwilio am waith. Mor sydyn â hynny, roedd darlledu yng Nghymru wedi ei weddnewid.

Roedd Euryn am i fi wybod, petawn i'n dymuno gadael HTV, y byddai croeso i fi fel cynhyrchydd-gyfarwyddwr annibynnol, i ddyfeisio cynyrchiadau ar gyfer gwasanaeth newydd Sianel Pedwar Cymru. Roedd y syniad, a brwdfrydedd arferol Euryn, yn apelio yn fawr. Fu dim eiliad o oedi gen i cyn derbyn y cyfle. Roedd sefydlu S4C yn mynd i weddnewid darlledu yng Nghymru. Dyma roi i ni'r hawl i lunio'r gwasanaeth at ein gofynion ni fel cenedl, yn atebol i neb ond ein gwylwyr. Dewisodd fy ffrind Siôn Humphreys adael 'run pryd, wedi cael yr un addewid o waith ym maes y ddrama. Fe benderfynon ni sefydlu cwmni gyda'n gilydd i rannu adnoddau ac i rannu barn a chymorth ar gychwyn y fenter.

Es at *Dawnsionara* yn llawn cyffro a gobaith, yn teimlo 'mod i ar drothwy pethau gwych i ddod i ni i gyd, yn gynhyrchwyr ac yn wylwyr, ac yn gwybod hefyd fod gen i fand oedd gyda'r gora fedrach chi ei gael. Rhyw grŵf o serendipedd felly oedd *Dawnsionara*; y diléit o ffendio rhywbeth cain yn annisgwyl. Fy ngobaith oedd i sgwennu caneuon fyddai'n gyfrwng i alluoedd arbennig y cerddorion, Dunn, Amun, Palladino ac Isaac. Patrwm y gwaith oedd 'mod i'n cyflwyno sgerbwd y gân, efo pa bynnag eiria dros dro fyddai'n dŵad i 'mhen. Byddai'r band wedyn yn ymuno, a chynnig a datblygu'r syniadau, a Myfyr yn cadw trefn ar y cyfan.

Y gân sy'n dangos pawb ar eu gorau, ac oedd fwyaf heriol i'w rhoi at ei gilydd o ran ei chymhlethdod, ydy 'Un Nos Ola Leuad'. Mae hon yn mynd â fi yn ôl i argyfwng fy arddegau, ac effaith ysgytwol llyfr Caradog Prichard arna i. Doedd cael gwneud ffilm o'r nofel yn ddim ond breuddwyd gen i 'radeg hynny, ond arhosodd delweddau o'r llyfr yn fyw yn fy nghof, yn ysbrydoliaeth i fy nghân o atgofion personol. Ar wahân i'r llais, y prif offeryn ydy'r bas, oedd yn gyfle i Pino hawlio'n sylw gyda'i chwarae bendigedig, yn islais cyson, taer, i'n tywys i'r tywyllwch.

Ma gola'r lloer
Yn deimlad oer i'r nen
Ag un nos ola leuad
Am ffrwydro'n fy mhen.

Mi glywaf lais
Yn galw arnaf fi
I fynd i foddi 'meia i gyd
Yn nyfroedd oer Llyn Du.

Ofni gweld y nos yn dyfod,
Ofni gweld y lloer yn codi,
Ofni mentro i ddringo'r grisia,
Ofn y bydd hi'n
Un Nos Ola Leuad...

Cofio mae 'Nôl i'r Fro' fel y byddai John Gwyn, Myf a fi yn mynd i'r Red House ar ôl ymarfer band. Hen dafarn lawr yn yr harbwr oedd hon, hafan rhwng y mwd a'r doman byd, yn ddihangfa o sŵn y ddinas, yng nghwmni gwylanod ac ambell hen ddociwr unig wrth y bar. Mi fydden ni'n sôn am bob dim dan haul, a weithia, am fynd adra, pawb yn ôl at ei Neigwl.

Niwl yn rowlio i mewn
I'r dafarn o'r doc,
Rhoi taw ar y ddinas,
A 'rafu bob cloc,
Bwrw angor yng nghysgod y bar
A sôn am y siwrna
Yn ôl i'r Sarn.
Sôn am hiraeth,
Sôn am fynd yn ôl
I'r fro...

Roedd yr hiraeth am adra yn real. O'n i wedi teimlo o'r cychwyn mai dros dro yn unig y baswn i yn byw yng Nghaerdydd, cyn mynd yn ôl adra, ond erbyn '81 roeddwn i wedi gwreiddio. O chwilio yn hen rifynnau difyr *Sgrech*, mi wela i fod 'Nôl i'r Fro' wedi codi ambell wrychyn:

... daw syniadaeth Mudiad Adfer, a'r syniad o frogarwch,
dan lach y canwr. Ymddengys fod yna bellach fwy o le i
awyrgylch estron dociau Caerdydd yng nghalon Endaf nag
sydd i gymdeithasau gwledig Pen Llŷn a Sir Feirionnydd.

Dyna i chi ddeud go gry'. Mi wyddwn i, wrth gwrs, am y Fro Gymraeg oedd yn ddelfryd gan Adfer. Er 'mod i'n rhannu eu pryderon, doeddwn i ddim isio gweld y Gymraeg yn cael ei chorlannu. Doeddwn i ddim isio ildio 'run fodfedd o'n tir. Doeddwn i ddim chwaith yn ei gweld hi'n ymarferol i ni i gyd fynd yn ôl i'n bröydd. Roeddwn i'n teimlo hefyd fod ganddon ni Gymry Cymraeg ein gwaith i'w wneud yn y brifddinas dros yr achos. Ond sgwrs tri ffrind mewn tafarn yng Nghaerdydd sydd dan sylw yn y gân, tri sy'n alltud o'u bröydd:

> Fel y llonga 'dan ni'n stydio pob teid,
> Rhy barod i fynd hefo'r gwynt, os bydd rhaid,
> Crwydro dipyn er mwyn llenwi y gist,
> A malu am oria am deimlo'n drist...

Y gân sydd yn cyfeirio'n fwy uniongyrchol at y Fro Gymraeg ydy 'Saff yn y Fro'. Teithio i'r Unol Daleithiau wnaeth i mi feddwl meiddio cymharu'r 'Fro Gymraeg' â'r 'Reservations' y cafodd yr 'Indiaid' eu cyfyngu iddyn nhw. Ond mewn gwirionedd, yn Nova Scotia, yng Nghanada, y gwnes i gyfarfod â'r 'Indiad' hwnnw. Un o lwyth y Mi'kmaq oedd o, gollodd eu tiroedd i'r Ffrancwyr a'r Prydeinwyr yn yr 'Alban Newydd'. Roedd yn gwerthu ei grefftwaith ar fin y ffordd i Cape Breton, lle'r oedd brawd Jackie yn byw. Ceisiodd y gân hefyd gyfleu'r agoriad llygad, neu'r pwniad o gywilydd gaethan ni, blant yr hen Galfiniaid – fu'n canu emyn Nantlais, 'Iesu, cofia'r plant', wrth gasglu arian at y Genhadaeth – o deithio'r byd y buon ni'n cenhadu ynddo. Gyda'r dyfynodau yn anghlywadwy, i'r drain yr aeth yr eironi diofal, ac at y rhestr ddu yr aeth y dychan i gynulleidfa sy' heddiw'n anghyfarwydd â'r gyfeiriadaeth.

Tra oeddan ni yn Cape Breton, lle'r oedd fy mrawd yng nghyfraith yn byw mewn llannerch yn y goedwig, cerddodd hen ŵr allan o'r coed atom ni yn cario Beibl mawr. Roedd y brawd MacCuish, un o dras teuluoedd Ynys Uist yn yr Alban, wedi clywed fod Cymro yno, ac wedi cerdded filltiroedd trwy'r pinwydd yn cario'r

Beibl teuluol, yn y gobaith y byddai'r Cymro yn medru ei ddarllen iddo. Trist oedd egluro na fedrwn i air o'r Aeleg. I geisio gwneud iawn, fe adroddais y drydedd Salm ar hugain iddo fo, ar fy nghof: "Yr Arglwydd yw fy mugail, ni bydd eisiau arnaf..." Gwrandawodd ar sŵn y geiriau, heb ddallt, ond â'i lygaid yn llaith, cyn troi 'nôl i'r goedwig, â thrysor ei Feibl yn ei freichiau. Peth cyffredin ydy perthyn i ddiwylliant lleiafrifol, sy'n ymladd i ddal ei dir. Ni, siaradwyr yr ieithoedd bychain, sy'n diffinio ein hoes.

Yfory nesa, 'na'i hel fy nhraed,
Mae gen i visa i gyflymu'r gwaed,
Ar bererindod af i ben draw'r byd,
Ma'r arwyr estron yn galw o hyd.

Does fawr o obaith
'Clywan nhw dy gân,
Paid rhoi dy obaith
Mewn arwyr mor ail-law.

Gofyn mae 'Arwyr Estron', o fewn symlrwydd 'cân bop', pa les gawn ni o'r berthynas anghytbwys sy' rhyngom ni a'n harwyr Eingl-Americanaidd? 'Dan ni'n hoff o hymian y caneuon sy'n ein boddi.

O'r profiadau o gigio, o wneud llawer yn llawen am ychydig, y daeth y gân "Rola' sy'n cloi *Dawnsionara*. Gwaith diddiolch ydy teithio'r siroedd i ganu am gildwrn. Mae'r wobr yn yr hwyl, ond wnaiff gwefr ddim llenwi'r tanc. Wedi bod yn cynnal sioe i rywrai oeddan ni gyda'r system sain, ym Mhafiliwn Corwen. Ar ôl y sioe roedd rhaid clirio popeth yn ôl i'r fan fel arfer, a theithio'n hir wedyn trwy nos dywyll y Gororau, yn dilyn y llinell wen. Mi gofia i feddwl, 'dwi byth am wneud hyn eto'. A dyna ddywed y gân:

Teithio'n ôl o Gorwen
Yn yr oria mân,
A sŵn y ddawns yn dod o bell
I deithio hefo ni,
A'r hen linell wen
Yn dal i dynnu 'mlaen,
A finna'n cyfri'r oria atat ti...

... a mynd ymlaen i addo (i f'annwyl wraig) mai hon fyddai'r daith olaf. Ac mae rhyw godi het i'r hogia glan môr eraill rheiny, fy arwyr estron, y Beach Boys, yn arddull y coda corawl o hwrê wrth ffarwelio.

Roedd recordio *Dawnsionara* yn brofiad eithriadol. Fel tylluanod, roeddan ni'n gweithio'n hwyr i'r nos a chysgu'r dydd. Ond wedi oria yn gwrando ar chwarae gwych, fedrwn i ddim meddwl mynd i gysgu. Ar ôl recordio "Rola', ein gwaith wedi ei gyflawni, dwi'n cofio mynd ar grwydr i'r nos, a chael fy hun yng Nghwm Pennant, gyda'r wawr, a nofio yno mewn pwll oer ar y mynydd gyda solo bas Pino o'r prif drac, 'Dawnsionara' yn troi, rownd a rownd, 'ar lŵp' yn fy mhen. Atgofion o chwarae yng nghlwb y Casablanca ydy 'Dawnsionara', o'r mwynder brawdol ar bob tu, a'r unawd bas yn lleisio'r ysgafnder ddaw o deimlo'n 'holl bryderon ffôl yn gorfod ffoi'. Mae hi'n hanner nos yn y CasaBi, a ma bob dim yn iawn.

Sgandinafia a Shampŵ

Dois yn ôl o'r *Dawnsionara* i wawr hanesyddol sefydlu S4C. Rhois fy notis i HTV, 'mod i'n gadael gyda'r Dolig, i fynd yn gynhyrchydd annibynnol ddechrau '82. Daeth gwahoddiad i mi deithio i Norwy a Sweden gyda'r band oedd gen i ar *Dawnsionara*, diolch i ryw ymholiadau a chysylltiadau ddaeth i ni trwy gymwynas Huw Jones. Awgrymais y byddai hynny yn gyfle i Siôn Humphreys roi criw cynhyrchu at ei gilydd, i saethu ffilm o'r daith i S4C, pe bai'n dymuno.

Dinas oer iawn ond braf a gwaraidd oedd Oslo, a chynnes oedd y croeso gawson ni yno, ac yn Stockholm, yn canu yn y Gymraeg. Cafodd y Llychlynwyr glywed band oedd yn gerddorol huawdl, ac yn dynn iawn; y meistri Isaac, Dunn, Ahmun a Palladino yn ymhyfrydu yn eu doniau, a Caryl Parry Jones a Catrin Owen yn canu'r lleisiau cefndir. Roedd Daf Hobson, ein dyn camera dawnus, yn hanu o Gaernarfon, a phleser oedd gweithio efo fo trwy gyfrwng y Gymraeg. Mi gawson ni i gyd hwyl wrth y gwaith, ac mi wasgodd Siôn ffilm ddifyr o'r daith: *Dawnsionara Sgandinafia*. Aeth Siôn ymlaen i sefydlu Ffilmiau Bryngwyn, â'i gynyrchiadau arloesol ym myd y ddrama deledu Gymraeg.

Yn fuan wedyn, a finna'n saff tu ôl i'r camera, mi es ati i ffilmio Caryl a Bando yn recordio *Shampŵ*, yn stiwdio Sain yn Llandwrog. O'n i wrth fy modd. Mi gofia i'n arbennig ffilmio Caryl a Myf yn dod at ei gilydd, i ymarfer, a rhoi sglein ar gordia 'Caer Arianrhod'. Anfonwyd y ffilm ddogfen *Shampŵ* i'r Ŵyl Ffilm a Theledu Geltaidd ar ynysoedd De Uist a Benbecula yn yr Alban. Enillodd wobr Ysbryd yr Ŵyl, oedd yn arwydd o gefnogaeth frwd trwy'r gwledydd Celtaidd i fenter newydd a phwysig Sianel Pedwar Cymru.

Hawdd wedi llwyddiant *Shampŵ* oedd gwerthu'r syniad o gyfres o ganeuon gan Bando, dan y teitl *Caryl a'r Band*. Yr un tîm aeth ati, ac fe roddwyd sglein ar y cyfan gan Daf Hobson eto, fel cyfarwyddwr goleuo a gŵr camera. Er mwyn cadw'r gyfres yn 'weledol' ddeniadol dyfeisiwyd caneuon storïol, mewn lleoliadau diddorol. O'n sgyrsia y daeth caneuon fel 'Yr Ail Feiolin', 'Mae'n Unig yn y Gôl', 'Ladi Wen', a 'Synthia'.

Yn yr wythdegau daeth *Y Dyn 'Nath Ddwyn y Dolig* â ni i gyd at ein gilydd eto, i fentro i faes y ffilmiau cerdd, a melys iawn ydy'r atgofion o'r cynhyrchiad hwnnw, sydd i lawer yn gymaint rhan o'r Nadolig â'r goeden Nadolig a'r twrci. Dwi'n ei gofio yn hoffus iawn, yn llawn rhyfeddodau a hwyl. Mae yna bennod o'i hanes i'w adrodd rhywbryd.

Ond o dan yr het arall oeddwn i o fanno 'mlaen. Roeddwn i am ddatblygu fy nhuedd at ddrama. Yn draddodiadol, adran ddrama y BBC a'i thebyg yn HTV oedd 'pia'r' hawl hwnnw. Roedd rhaid i fi berswadio'r Comisiynwyr rhywsut, 'mod i'n ddigon abl. O'n i'n gweld y medrwn i 'sleifio' drosodd i faes y ddrama drwy'r 'ffilmiau cerdd', a cheisio llenwi'r bylchau welwn i yn y maes hwnnw. Fe sefydlais gwmni ffilmiau Gaucho, ac yn ffodus iawn i fi, fe ddaeth Pauline Williams i gynhyrchu. Roeddan ni'n rhannu'r un gobeithion. Roeddan ni'n dau yn dymuno gweld ffilmiau o ddramâu Cymraeg yn cymryd eu lle ochr yn ochr â goreuon sinema'r byd. Aethon ni ati felly, yn yr wyth a'r nawdegau. I ddilyn *Y Dyn 'Nath Ddwyn y Dolig*, fe ddaeth anturiaethau *Stormydd Awst*, *Gaucho*, *Gadael Lenin*, *Un Nos Ola Leuad* a'r *Mapiwr*, ynghyd â chyfresi fel *Tair Chwaer*, a mwy, i'n cadw'n brysur. Fe gafon ni, a'n cyd-gynhyrchwyr annibynnol cyntaf, y fraint o fod ar gychwyn deffroad o ryddid creadigol.

Ac yn goron ar y cwbl, ac yn fwy gwerthfawr nag unrhyw gomisiwn, yn werth y byd i gyd yn grwn a dweud y gwir, daeth ataf fi a Jackie ddwy ferch fach, Lowri a Hannah, ac wedi i'r plant gyrraedd, a mynd â'n bryd yn llwyr, fe giliodd y canu am ddegawdau. Ac erbyn y mileniwm newydd, roedd y Sianel wedi ennill ei lle, a'i chynulleidfa. Roedd cyflenwad o weithwyr newydd wedi dŵad i sicrhau parhad. Mi es i 'ngardd, fel fy nhaid, Robert Owen, Arwelfa, i bwyso ar fy rhaw.

Fy nhaid, Robert Owen, yng ngardd Arwelfa, tŷ capel Brynrhos, Groeslon

Draw ym Mro Meirionnydd

OND MAE RHYDDHAU recordiau fel anfon plant i'r byd. Maen nhw'n cychwyn ar eu bywyda, yn mynd ar grwydr, yn dwyn rhyw arwyddocâd newydd yma ac acw, ac o dro i dro, ac yn annisgwyl, maen nhw'n dŵad adra a churo ar y drws. Yn 2008 daeth gwahoddiad gan Ywain Myfyr i mi berfformio *Salem* yn ei bro, yn Sesiwn Fawr Dolgellau. A hithau'n ganmlwyddiant ymweliad Sydney Curnow Vosper â'r capel yng Nghefncymerau i beintio'r darlun enwog, a finna mor ddyledus i'r darlun a'i fyd, penderfynais y dylwn dderbyn y cynnig. Bu ymarfer efo band o gyfeillion cerddorol ac mi aethon ni i Ddolgellau.

Mae perfformio yn yr awyr agored yn gosod her arbennig. Mae yna lawer o fynd a dŵad, o gario peints, a chyfarch 'sud ma'i ers talwm?' Daeth sylweddoli hynny yn fraw wrth i fi ddringo ar y llwyfan. Cychwynnodd Nigel a Pwyll 'yr oedfa', gyda'r emyn-dôn ar 'yr organ', a thawelodd fy mhryder. Roedd y band yn broffesiynol wych fel arfer, ac fe'm cariwyd ganddyn nhw drwy'r caneuon, hyd at y 'Nos da, Siân, a'r cwmni diddan yn y wlad'. Wedi'r sioe daeth merch ifanc siriol at y llwyfan a dweud, "Ma Nain fi yn licio chdi", wnaeth i fi chwerthin.

Wedi bwrw'r nos mewn gwesty yn Fairbourne, oedd fel treulio noson yn Rochdale, yn ôl adra â ni. O'n i'n falch iawn o fod wedi cael canu *Salem* ym Meirionnydd, fel ffordd o ddiolch am yr ysbrydoliaeth, ac mi o'n i'n meddwl yn saff 'mod i wedi cyrraedd diwedd stori hir y record *Salem*, a'r canu, ond roedd rhannu llwyfan efo'r cerddorion yn Sesiwn Fawr Dolgellau wedi ailgynnau'r awen ac fe ddaeth record arall, yn annisgwyl, fel ail bwdin ddaw'n hwyr at y bwrdd.

Deuwedd

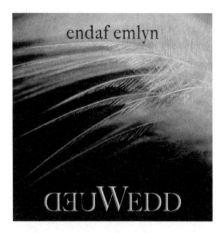

Os AM WELD eich *doppelganger*, lle gwell i wneud hynny nag yn yr Almaen?

Yn ninas daclus Emden yr oeddwn, ar arfordir Dwyrain Ffrisia. Roedd hi'n brynhawn heulog o wanwyn, a barrug fel siwgr gwyn ar doeau'r tai a'r palmentydd, popeth yn lân ac yn ei le. Wedi bod yn lladd amser o'n i, ar un o'r ynysoedd bychain sy'n gorwedd fel mwclis ym Môr y Baltig. Ces yno ginio syml o sliwod mwg, a dim ond un Tuborg i'w yfed. Yn ddaearegol, mae'r rhan yma o'r arfordir yn perthyn i'r Iseldiroedd, â'i dir yn is na'r môr. Peth od ydy glanio a dringo'r morglawdd, a gweld, oddi tanoch, wlad yr isfyd yn eich aros.

Yno i ddangos fy ffilm *Gadael Lenin* yr oeddwn i, yng ngŵyl Filmfest Emden, yn gynnar yn y nawdegau. Wrth ddilyn y camlesi ar fy ffordd i'r sinema, fe'i gwelais.

Roeddan ni'n dau yn mynd i'r un cyfeiriad, fi 'rochr yma, a fo, 'rochr draw. Bu ennyd o sbio ar ein gilydd. Ac o adnabod. Fi oedd o a fo oedd fi. Roeddan ni fel gefeilliaid, "run sbit' â'n gilydd. Y prif wahaniaeth rhyngom ni oedd ei fod o yn powlio babi oedd yn cysgu'n sownd mewn pram. Ymlaen â ni ynghlwm â'n gilydd mewn tebygrwydd am ryw hanner can llath, cyn i groesffordd ein rhyddhau. Aeth fy *doppelganger* am adra efo'r babi. Es i yn fy mlaen at y sgrinio.

Peth od ydy bod yn lluosog am eiliad. Ond dydy o ddim yn beth cwbl ddiarth. Mae yna ddeuoliaeth: y ffigwr cyhoeddus, y cyflwynydd sy'n rhyw dipyn canu, a'r llall, y cyfarwyddwr, yn hapusach o fod o'r golwg tu ôl i'w gamera; yr hen dyndra eto, rhwng dylanwad natur fy nhad a natur fy mam, a natur fy mam sy'n cario'r dydd. Wrth feddwl am bethau felly, am etifeddiaeth, hunaniaeth a deuoliaeth, y daeth *Deuwedd* i fod, flwyddyn wedi'r Sesiwn Fawr, yn 2009. O'n i wedi bod yn sgwennu a recordio deunydd newydd ar fy nghyfrifiadur ers tro, i ymarfer fy ymennydd, ond o'n i 'mhell o fod yn abl yn y dechneg ddigidol bryd hynny.

Wrth weld mor hwylus y gellid anfon pytiau o gerddoriaeth ar y we, es i chwilio eto am fy nghyfaill, Mike Parker, oedd wedi rhoi'r gorau i fod yn gerddor proffesiynol ers yr wythdegau, ac fe gychwynnon ni sgwennu efo'n gilydd eto, drwy'n cyfrifiaduron. Roedd o'n awyddus i droi ei law at y math o ganeuon 'Steely Dan-aidd' oedd gen i ar *Dawnsionara*, a daeth y caneuon 'Deuwedd', 'Lili'r Dŵr', a 'Neb ond y Blonde' o'n cydweithio. Recordiwyd y CD yn stiwdio Myfyr yn y Bontfaen, gyda Chris Childs ar y bas, Arran Ahmun ar y drymiau, Nigel Hopkins ar yr allweddellau, Myfyr ar y gitâr a Mike Parker ar y piano.

Cwpwrdd o hynodion ydy *Deuwedd*, casgliad o'r petheuach sgleiniog oedd yn fy mhen, fel pot botyma fy Anti Nel. Fy nghi bach, Lili, oedd yr ysbrydoliaeth i'r gân 'Lili'r Dŵr'. Un o Tibet oedd Lili, ac yn gall iawn, aethai hi ddim yn agos at unrhyw ddŵr. Ond mynd ar grwydr mae syniada, ac yn y diwedd fe roddodd Lili ei henw i'r dylwythen deg sy'n wrthrych i'r gân. Golwg ysgafn ar ein gwendid ffôl ni'r dynion meidrol ydy 'Lili'r Dŵr'; rhyw chwiw am fodolaeth y tylwyth teg yn nyfnderoedd ein llynnoedd, a chyfle i chwarae'r styrmant.

Talfyriad o Blodeuwedd ydy'r enw 'Deuwedd'. Dyfalu mae'r gân, beth pe bai Blodeuwedd, ar ôl iddi gael ei melltithio'n dragwyddol, yn dal efo ni, rhywle yn oriau'r nos, yn hanner gwraig a hanner tylluan? Fe'i dychmygais yn dawnsio mewn rhyw glwb nos, fel ffilm dywyll, ddychmygol.

A chyfres o ddelweddau ffilmaidd ydy 'Neb ond y Blonde' ddaeth o fy ymweliad â stiwdios Hollywood yn y nawdegau. Ceisio gwerthu syniad am ffilm oeddwn i. O'n i wedi derbyn gwahoddiad i fynd yno yn un o fintai o Brydeinwyr, a rhaid cyfadda nad oeddwn i ddim yn gobeithio cael mwy na hwyl a phrofiad o'r daith. Fe ddywedir y caiff pawb wrandawiad yn Hollywood; un waith, un cyfle. (Cynnig addasiad o'r llyfr *Tree of Crows* gan Lewis Davies oeddwn i, nofel dywyll, hynod, llawn cysgodion a chipolygon o ryw ysbryd milain amwys ar y mynydd du.)

Pwy yw hwn,
Y Cymro ffôl
Sy'n mynd am dro
Lawr Sunset Boulevard...?

Fi oedd y Cymro hwnnw. Ar ôl i ni'r 'Brits' ymweld â swyddfeydd Miramax ar Sunset Boulevard, lle gwrandawodd Harvey Weinstein yn syn ar fy nghyflwyniad cloff o ragoriaethau fy sgript Gymraeg, fe es i gerdded y stryd chwedlonol honno. O'n i'n meddwl am Billy Wilder, yn cyfarwyddo William Holden a Gloria Swanson yn ei glasur, *Sunset Boulevard*, gan glywed Steely Dan yn canu yn fy mhen, 'Drive west on Sunset, to the sea...'

Ond does neb 'call' yn cerdded yno. Dinas flêr ar wasgar ydy Los Angeles; dinas y ceir. Dim ond y digartref a 'Chwiorydd Babylon' sy'n troedio'r palmentydd, ac yn ôl y sôn, ysbryd Peg, yr actores o Bort Talbot, sy'n cael ei chofio fel y gyntaf i gyflawni hunanladdiad trwy neidio o ben yr arwydd mawr 'HOLLYWOOD'. Yn y dauddegau, daeth Millicent Lilian 'Peg' Entwistle i'r amlwg ar lwyfannau yn Boston ac yn Efrog Newydd, fel actores ifanc addawol. Cafodd ei hudo i Los Angeles, i weithio yn y ffilmiau mud yno, a chael ei siomi'n fawr. Ei hysbryd hi ydy'r 'blonde' sydd i'w gweld yn dringo Beechwood Drive at ei diwedd, ac yn gadael 'arogl pêr gardenias' ar ei hôl, meddan nhw. O'n i'n medru deall anobaith Peg wrth i finna droedio Sunset Boulevard, yn ceisio gwerthu sgript Gymraeg, a gwatwar ein gobeithion ffôl mae'r gân.

Mae *Deuwedd* yn fwy amlwg wleidyddol na'r recordiau eraill. O'n i'n teimlo'n rhydd, a minna ar fy mhensiwn, i ganu'n ddiflewyn-ar-dafod. O 'mhryder cyson, eu bod Nhw, y Drefn, yn gwylio gormod arnon ni, y daeth 'Mae 'Na Rywun yn Gwylio'. A gwaethygu mae'n sefyllfa ni; lle'r oeddan ni dan lygaid barcud yr heddlu cudd, rydan ni rŵan yn byw dan oruchwyliaeth a chyfarwyddyd cudd algorithmau corfforaethau o Galiffornia bell.

Yn 'Siarad Babi', dwi'n cuddio tu ôl i ryw Fistar Jones o athro Cymraeg, sy'n harthio am safona iaith. Cam-drin yr arddodiaid sy'n cael ei sylw, a gweld 'yr heniaith ar ei thin' sy'n ei boeni. 'Gwell Cymraeg sâl na Saesneg slic' ydy slogan pragmataidd yr oes, ond 'does dim byd sâl yn ddigon da', meddai Mr Jones, yr Hen Ddyn Blin. Mae cyfraniad Myf i'r gân yn allweddol eto, a'r cytgan 'Radio Babi' yn f'atgoffa o'r jingls o'n i'n eu sgwennu yng nghyfnod gwerthu'r hysbysebion tsiêp.

Teyrnged i'm gwraig, a'm cadwodd yn gall dan bwysa'r holl gestyll o'n i'n eu codi'n y cymyla, ydy 'Yr Aur'. Aur y fodrwy sydd yma, ac aur yn ei pherson. Rydan ni'n byw ar fin nant, ac er 'mod i'r nesa peth at lwyrymwrthodwr bellach, gyda'r nos wedi diwrnod braf, mi fyddan ni weithia yn rhannu'r llymaid lleia welsoch chi 'rioed, rhyw wniadur o win, yn llafna ola'r haul, ac yn teimlo'n reit blêst efo ni'n hunain, yn dal efo'n gilydd fel hyn wedi'r holl flynyddoedd, â'n hydref yn euraidd hefyd.

Diolch y mae'r 'Llinyn Arian' i fy mam, a phob mam, am drysor yr iaith a ges i ganddi, gan leisio fy mhryder am barhad ein diwylliant, a'r llinyn arian yma sy'n rhedeg 'o law i law', o genhedlaeth i genhedlaeth. Dwi'n trio deud bod iaith yn fwy na geirfa, a bod y geiria ddaw i ni fel mamiaith yn gysefin, sylfaenol. Fod y gair a'r gwrthrych yn anwahanadwy. Dydy 'coeden' a 'tree' ddim yn golygu'n union yr un peth.

Daw'r 'Hogyn Ola' o glywed hanes un o'r plant dwytha i adael Cwm Tryweryn. Mae'r drosedd yn brifo mwy o'i gweld trwy lygaid plentyn, yn ddiamddiffyn yn erbyn grym corfforaethau Lloegr, sy'n cael gwneud fel fynnon nhw efo'n cymunedau. Mae gwaith y pianydd dawnus Nigel Hopkins, o Abertawe, ar y gân yma yn gynnil, a gwacter y cwm i'w deimlo ynddo.

Yr un gŵyn sydd gen i wrth adrodd hanes 'Gwenllian Fach', y dywysoges a gipiwyd o'i chrud, yn ymgorfforiad o'n diniweidrwydd; sef ein bod ni'n byw mewn gwlad sy'n dal yn ddibynnol ar fympwy ein concwerwyr. Dysgais yn gynnar bod yna Ni a Nhw, ac mai Nhw sy'n penderfynu be ddigwydd i Ni. Fedrais i 'rioed ddygymod â hynny. Ches i erioed wers yn yr ysgol oedd yn gwirioneddol adrodd a dadansoddi hanes canrifoedd y brwydro hir a wnaed i'n gwladychu. Ond eto, o 'nghwmpas ymhobman, roeddwn i'n gweld ac yn teimlo, wrth dyfu i fyny, ein bod ni'n cael ein rheoli a'n cyfyngu, a bod hyd yn oed gweddillion yr Ymerodraeth rafliog yn dal yn ddigon enfawr i'n bychanu. Er hynny, a gyda llai o hawlia na'r Eil o' Man, mi rydan ni yn wir, yn rhyfeddol, 'Yma o Hyd', ac mae rhyw ddiolch am hynny i'r sŵn wnaethon ni oll. I mi, i ryw raddau, y cyfrwng oedd y neges. Adar prin yn gwneud rhyw sŵn. ''Dan i'n dal yma'.

Wrth ddod i ail ddegawd y mileniwm newydd, a *Deuwedd* wedi ei dweud, o'n i'n meddwl fod y sŵn hwnnw ar ben. Es eto i 'ngardd. Ond doedd Siân Owen ddim wedi gorffen efo fi...

Awn eto'n ôl i'r darlun

Awn i Gilgwri
Ar ryw berwyl ffôl,
Yn dri hen ŵr i
Droi y cloc yn ôl...

CÂN YDY HONNA sy' wedi bod ar y gweill ers 2014, pan ddaeth Siân Owen i chwilio amdana i eto, ym mherson byrlymus y cynhyrchydd Eurof Williams. Galwodd acw i 'ngweld, a thros banad a'i sgwrsio eiddgar, gofynnodd i mi faswn i'n barod i fynd ar bererindod i'r capel bach hwnnw, 'Salem yn y Wlad', efo camera yn fy nilyn. Roedd o'n ffyddiog o gael bendith a chomisiwn S4C, i ddathlu deugain mlynedd o wrando ar fy record. Nid hawdd gwrthod brwdfrydedd heintus Eurof er mor dwn-i'm-wir o'n i, wrth feddwl am ymddangos eto ar y sgrin. Fedra i ddim mynd i'r capel heb golar a thei, meddwn i'n wirion, ac ar ryw chwiw benysgafn, mi brynais drowsus coch at y daith, na welodd ola dydd fyth wedyn.

A dyna sut y bu i Eurof a fi, a'n cyfaill o gyfarwyddwr, John Gwyn a'i gamera, gyrchu allan yn yr hydref i Borth yr Heulwen yng Nghilgwri, ar drywydd yr hen wraig a'r 'diafol'. Mae rhyw odrwydd pensaernïol Edwardaidd yn perthyn i Port Sunlight, gyda'i strydoedd tai ffug-gothig, yn dwt ac yn daclus ond â thywyllwch erchyll Congo y Belgiaid o dan bob carped. Roedd ymweld â'r lle yn f'atgoffa yn iasol o salwch fy mam. Ro'n i'n cofio galw yno efo Nhad ar ôl bod yn gweld Mam yn yr ysbyty yn Lerpwl; y ddau ohonon ni'n dŵad allan o geg y twnnal du o dan y Merswy, yn isel ein hysbryd, i haul y pentra swreal. A ha' bach Mihangel oedd hi arnon ni'n tri'r bora hwnnw, ar drywydd y dyn a'i sebon.

Stwff reit afiach cyn ei buro ydy sebon, yn draddodiadol yn gymysgedd o olew, neu fraster, saim a lludw, a rhyw joch o ogla da i'w wneud yn llai annymunol. Er hynny, mae'r sebon yn glanhau. Wrth chwilio'r hanes am y cysylltiadau efo byd y darlun, fe ddois, eto, yn ôl at sebon. Mae papurau newydd ar droad canrif *Salem* yn llawn hysbysebion sebon, a hyd yn oed y beirdd yn ffrothian amdano. Dyma englyn rhyw fardd dienw o ardal Aberdâr:

> Lanhaol, fuddiol, foddion, – gwir, uchel,
>> Gaer iechyd, yw Sebon;
>> Gelyn baw, yn fraw i fron
>> Diog, halog wehilion.

A lle ma baw, ma 'na bres. Mab i siopwr o Bolton oedd William Hesketh, yr Arglwydd Lever. Yr hen drefn oedd gwerthu sebon fel caws, yn dalpiau wedi eu torri o gosyn mawr yn ôl y pwysau. Cafodd Hesketh y syniad o hwyluso'r farchnad yma trwy dorri a lapio'r sebon 'mlaen llaw. 'Sunlight Soap' oedd y sebon cyntaf yn y byd i'w bacedu a'i labelu gydag enw 'brand', a Sunlight Soap ddaeth â *Salem* i'n cartrefi. Heddiw mae'r darlun gwreiddiol i'w weld yn Oriel Gelf yr Arglwyddes Lever yn Port Sunlight. Mae yno hefyd gasgliad gwych o'r Cyn-Raphaëliaid, ond ynghanol gwaith cynnal a chadw'r oriel, yr oedd Siân Owen, Ty'n y Fawnog ar ei phen ei hun, mewn cwpwrdd o ystafell gefn.

179

Dyma'r ail waith i fi weld Siân Owen yn y cnawd, fel petai. Roeddan ni'r tro hwn tua'r un oed â'n gilydd, ac os rhywbeth, roedd hi'n edrych yn well na fi. Ces graffu'n fanwl yn yr oriel ar grefftwaith Vosper, a gwerthfawrogi ei ddoniau. Ces yno'r heddwch hefyd i fyfyrio ar y gydberthynas rhwng y darlun a hanes Lever. Hanes ofnadwy ydy o. Cymerodd Lever bob mantais o'r drefn haearnaidd greulon a sefydlwyd yn y Congo gan y Brenin Leopold o Wlad Belg.

Os oes yna unrhyw elfen ddieflig yn *Salem*, yn y cysylltiad yma gyda sebon Lever y mae hi. Tarodd Lever fargen efo'r diawl hwnnw, y Brenin Leopold, i brynu'r hawl ar erwau lawer o'r Congo, a chododd dre arall yno. Ond doedd bywyd ddim mor braf yn Leverville ag yr oedd yn Port Sunlight. Amharod oedd y brodorion i wneud y gwaith caled. Ond pe baen nhw'n gwrthod, fe'u lleddid, ac aed â'u dwylo fel prawf o hynny at benaethiaid ei gwmni, Huileries du Congo Belge; yr erchylltra yma i gyd yn enw glendid. Aeth darlun *Salem*, wedyn, i werthu'r sebon.

Da oedd dianc o dywyllwch Port Sunlight a gyrru o Gilgwri i Gwm Nantcol ac i Gapel Salem, Cefncymerau. Hawdd iawn fyddai i ni basio heibio'r adeilad unllawr heb sylwi arno. Mae'n adeilad syml, dirodres, fel pe bai am beidio tynnu sylw ato'i hun; heb dalcen mawreddog na phileri clasurol; yn debycach i feudy carreg tŷ hir nag addoldy.

Deuai sŵn dyfroedd afon Artro, yn brysur wedi'r glaw, wrth i ni gerdded heibio'r fynwent at y drws, i'n hatgoffa mai capel y Bedyddwyr ydy hwn gyda'i bwll bedyddio yn gyfleus yn yr afon gerllaw. Es at y drws a'i agor gyda'r parchedig ofn o fentro'n hy i dŷ preifat. Llifodd golau'r bora trwy'r drws agored i oleuo'r seddau, ac yn gyfarwydd iawn, wele'r cloc ar y mur gyferbyn, a sêt Robat Williams oddi tano. Mi ges bleser anghyffredin o ista yno, yn sedd y gŵr o Gae'r Meddyg, a rhedeg fy llaw ar goed y fainc. Dydw i ddim yn ffurfiol grefyddol bellach, ond fe wyrais fy mhen yn reddfol yn sêt y saer am ennyd.

Rhoddodd John ei gamera i sefyll yn y drws agored, lle safodd Vosper yntau, a daeth yn amlwg nad oes unrhyw arwyddocâd i osod Siân Owen ger y drws ar wahân i'r un ymarferol; mai dyna'r unig fan lle y gellid ei gweld yn y goleuni o'i phen i'w sawdl. Am yr un rhesymau, rhoddwyd fi i sefyll yn yr union fan i ddweud fy mhwt, yn edrych fel arolygwr ysgol Sul yn fy ngholar a thei.

(Aeth Eurof yn ôl i saethu oedfa yno ar gyfer y rhaglen, ac yn hapus iawn i ni, ai trwy ffawd ynteu trwy ragluniaeth, digwyddodd un y mae gen i feddwl mawr ohono, Tecwyn Ifan, ddod i bregethu. Ac fe gafwyd sôn ganddo am y record *Salem* yn ei bregeth o'r pulpud, oedd yn fraint.)

Wedi'r ffilmio yn y capel, aethon ni i gyfarfod rhai o bobol a phlant Llanbedr, ac yn nhŷ Elizabeth a Catherine Richards, selogion y capel, ces ddal siôl bersonol Siân Owen yn fy nwylaw, honno 'oedd frau 'rôl llawer Sul'. Ac ar y pared yn nhŷ y chwiorydd, roedd cynllun y pensaer nodedig fu'n adnewyddu'r tŷ, Griffith Morris o Borthmadog. Roedd ei wraig, Myfanwy Morris, yn gynllunydd dillad dawnus iawn, ac mi gofia i y teulu yn dod i'n gweld ym Mhwllheli, i drafod y wisg Gymreig yr oedd hi yn ei chynllunio i Shân. Roedd yn cynnwys siôl *paisley*, ac mi fuon nhw'n cyfeirio at siôl Siân Owen yn y darlun enwog. Roedd hyn rhywbryd ar ddechrau'r pumdegau. Cafodd y wisg honno ei gweld ar dudalen flaen *Y Cymro* ym mis Chwefror 1954. Daeth Geoff Charles acw i dynnu'r llun o fy chwaer Shân, yn ei gwisg

Gymreig, yn dal rhifyn o'r *Cymro* o'i blaen, a dim ond talcen tywyll y tŷ yn gefndir. Mawr oedd ein syndod pan ddaeth rhifyn Dydd Gŵyl Dewi '54 i law.

Gorffennodd ein rhaglen ar aber afon Dwyryd, gyda myfi yn cerdded yn fy nhrowsus coch gan rannu fy meddyliau. Doeddwn i ddim yn gwybod bryd hynny bod gen i deulu ym Meirionnydd, a bod rhai ohonyn nhw yn gorwedd ym mynwent eglwys Llanfihangel y Traethau gerllaw. Tros ginio wedyn, rhywle ar y ffordd adra, dyma fi'n dweud wrth Eurof, yn wamal braidd, "Fuodd gen i ryw deulu o Oweniaid, ochor fy mam, yn Ardudwy, a mae'n bosib, wsti, 'mod i'n perthyn i Siân Owen, Ty'n y Fawnog."

Aeth Eurof, yn ôl ei arfer, fel ffurat i'r achau, ac i'r

achyddwr Eilir Ann Daniels mae'r diolch am daflu goleuni ar hanes yr hen deulu. Yn sgil y chwilio canfyddais gefndar na wyddwn i amdano. Mae hen, hen daid Iwan Morgan, y cyn-brifathro o Ffestiniog, a fy hen, hen daid inna, yn ddau frawd, a thrwy gymorth ac ymchwil helaeth Iwan ces fynd yn ddwfn i'n hanes.

Roedd llu o berthnasau gen i yn yr hen Sir Feirionnydd. Ar y trydydd o Fedi 1850, wedi diwrnod hir yn lladd mawn ar y mynydd, aeth Robert Owen, Bryn-y-Fuches, hen daid fy mam, i weithio'r nos yn chwarel Braich Goch, yn ardal Corris. Wrth iddo gloddio yn y tywyllwch, llithrodd talp o lechfaen, a'i daro ar ei glun. Methwyd ag atal y gwaed rhag llifo, ac fe'i cariwyd i'r wyneb. Bu farw'r noson honno. Ceir yr hanes yn y llyfryn prin, *Dwy Wraig o'r Wlad*, gan ei nai, Henry Lloyd, sef 'Ap Hefin' y bardd, a chyfansoddwr geiriau'r emyn ddirwestol sydd yr un mor boblogaidd yn y dafarn ag yn y capel, ac yn ffefryn gan Mam a finna, 'I bob un sydd ffyddlon, dan ei faner Ef...'

Wedi'r ddamwain angheuol yn chwarel Bryn Coch, a gyda llond tŷ o blant, bu raid i'r weddw dlawd, Catherine Owen, ofyn am gael mynd ar gymorth y plwy. Aeth ei mab Evan yn brentis saer. Gyda thlodi ar gynnydd, a sôn am ostwng cyflogau yn y chwarel, cododd Evan Owen ei fasged offer a cherdded i Ddyffryn Nantlle lle'r oedd digon o waith i saer yn y chwareli ac ar y stadau mawrion. Mae'n 'nharo fi'n od na wyddai fy mam am ei theulu yn Nhal-y-llyn. Roedd tad Evan, Robert Owen, yn gawr o ddyn, a sôn amdano yn ei fro. Sut na wyddai Mam ei bod hi'n perthyn iddo fo, ac i'r bardd a'r llenor Ap Hefin, a bod yr hen deulu yn cynnwys Eos Bradwen, y cyfansoddwr operâu, a Bradwen Jones, cyfansoddwr 'Paradwys y Bardd'? Am ryw reswm, wnaeth Evan ddim adrodd yr hanes. Fe gollwyd y cysylltiad rhywle ar y ffordd o Feirionnydd i'r Groeslon.

Priododd Evan efo Elin Pritchard, o Landwrog, yn Lerpwl. Roedd Evan yn gweithio fel saer i'w thad William Pritchard, yn adeiladu tai i'r Cymry yno. Does wybod pam iddyn nhw briodi oddi cartra, a thrwy drwydded. Wedi dŵad adra o Lerpwl i Landwrog, fe anwyd mab i Evan ac Elin, Robert Evan Owen; fy nhaid oedd o, yr hynaf o bedwar o blant.

O'n i'n hapus i weld fod Elin, fy hen nain, yn un o deulu Methusalem Griffiths y Gof, o Foduan, sy'n rhoi i fi ryw hawl ar dras o Lŷn. Ac i fynd â ni yn ôl at y rheswm ffansïol dros fynd i'r achau yn y lle cyntaf, na, doedd yna 'run blewyn o berthyn rhyngof fi a Siân Owen, ond mi fedra i ddweud rŵan bod yna dipyn go lew o Feirionnydd ynof i.

Ac yn yr achau hefyd, roedd yr ateb i ddirgelwch y darlun hwnnw yn y Twll Du.

Yr helynt yn y Congo

Y sgwner *Loango*,
hwyliodd o Gaergybi i'r Congo

PWY'N UNION OEDD y wraig yn y portread oedd â'i hwyneb i lawr ar y tanc dŵr yn y Twll Du? Sut y bu i'w gŵr foddi? Wrth bori yn llyfrau ardderchog Aled Eames am hanes ein morwyr, dysgais y byddai gwragedd y capteiniaid yn mynd i forio efo'u gwŷr, ac mai dyna fyddai mis mêl llawer gwraig ifanc. Roedd yn arferiad hefyd i arlunwyr agor stondin wrth y cei mewn porthladdoedd tramor, i beintio portreadau o wragedd y capteiniaid. Tybed beth oedd yr hanes tu ôl i bortread Sarah Lewis, oedd wedi ei fwrw heibio i'r Twll Du o dan y to, a'i anghofio?

Wrth chwilio mi ddois, eto, yn ôl at sebon. Y sebon-lwmp gwyrdd, oedd yn flas bora Sul i mi. Mi fyddai Mam yn fy rhoi i ista lawr yn y gegin wrth y sinc, ac mi gofia i slap y cadach poeth sebonllyd ar fy ngwyneb, tra byddwn i'n mwmblian fy adnod.

Ar ran y berwyr sebon yr aeth gŵr Sarah Lewis, fy hen, hen ewyrth, Capten William Lewis, o Amlwch i Affrica. Yn 1870 cafodd ei gyflogi gan gwmni sebon, The Scotsman Soap, i fynd â'r sgwner *Loango* ar fordaith i'r Congo. Roedd hi'n cario gwlân, gwirodydd a phowdr gwn, a'r bwriad oedd eu cyfnewid am olew palmwydd, i gynhyrchu sebon. Wedi taith o ryw chwe wythnos, daeth i geg yr afon Congo fawr, sydd mor llydan yn yr aber fel na welir o un ochr i'r llall. Cyn mentro i 'Galon y Tywyllwch' yng ngwlad y Congo, bwriwyd angor yn Banana Creek (lle byddai'r Cymro arall hwnnw, y drwgenwog Henry Morton Stanley, yn glanio yn 1879). Yna, wedi iddyn nhw hwylio ychydig oriau i fyny'r afon, daeth nifer o ganŵs hirion i gyfarfod y llong, pob un yn cario cymaint â hanner cant o rwyfwyr, ond nid tabyrddau croeso'r Babongo oedd i'w clywed.

Trown at *Y Faner*, a'i newyddion brawychus o'r flwyddyn 1870, â blas gresynus ei gyfnod arno:

> **Cymro o Amlwch yn mysg anwariaid Affricanaidd.**
> Ychydig i'r deheu i linell y Cyhydedd, ar ochr orllewinol cyfandir mawr Affrica... digwyddodd anffawd flin i'r ysgŵner Loango o dan lywyddiaeth Cadben Wm. Lewis, o Amlwch Port. Wrth esgyn yr afon Congo, ymosodwyd... ar y llong gan nifer o Affricaniaid duon, pryd y dihangodd y crew oll, oddigerth y cadben, a bachgen bychan o Glasgow...

Ŵyr neb be ddaeth o'r criw, hogia Sir Fôn ar goll yn y jyngl faith. Fu dim sôn amdanyn nhw fyth wedyn, ond fe lwyddodd pump i ddianc ar un o gychod y *Loango*, yn ôl i geg yr afon fawr, lle daethon nhw ar draws un o longau'r Llynges. Roedd yr *HMS Growler* ar batrôl yn yr ardal, ac wedi i'r Commander Edward Seymour ddallt fod yna gapten wedi ei gipio, prysurodd y *Growler* i chwilio amdano. Ar ôl stemian i fyny'r afon am awr neu ddwy, dyma gyrraedd y *Loango*. Roedd hi'n hanner gwag ac ar dân. Yn ei gofiant mae Seymour yn disgrifio, gyda gormod o flas, sut y bu iddo ef a'i longwyr ymlid y brodorion a'u saethu'n eu cefna, llosgi eu pentrefi, a bygwth eu difa oll yn llwyr oni bai eu bod nhw'n rhyddhau y Capten a'r bachgen.

Cafwyd y ddau yn ddiogel felly, ond fod William Lewis, hen ewyrth fy mam, wedi ei anafu'n ddifrifol, a'r rhan fwyaf o'i ddillad wedi eu rhwygo oddi ar ei gefn. Fe'i cariwyd i ddiogelwch ar fwrdd y *Growler*. Ond roedd doctor y llong wedi cymeryd at y ddiod. Heb feddyg sobr ac abl i drin ei glwyfau, bu farw William Lewis ar y fordaith yn ôl, ac fe ollyngwyd ei gorff i'r Atlantig, rhywle oddi ar arfordir gorllewin Affrica. Gwireddwyd y gred gyffredin, 'O bob deugain aiff i'r Congo, dim ond un ddoith adre'n ôl'.

Gadawyd ei wraig, Sarah Lewis, yn weddw, ac am wn i, yn ddi-blant. Does dim sôn pellach amdani. Rhywsut aeth ei phortread i St Helens, lle'r oedd nain fy mam, Joanna, chwaer y Capten William Lewis, yn byw. Mae'n rhaid iddo ddŵad o law i law yn ôl i Gymru wedyn, ac at fy mam, ac i'r Twll Du dan y to ym Mhwllheli, i synnu'r hogyn bach gododd gaead y tanc dŵr. A'r sebon, a gostiodd ei fywyd i William Lewis, sy'n cysylltu'r ddau ddarlun, o ddwy wraig.

Aeth un i ebargofiant; aeth y llall yn eicon.

Yr eicon

AR DROAD Y ganrif, a'r gymdeithas yn dal i deimlo sen wedi enllib y 'Llyfrau Gleision', roedd Meirionnydd yn ferw o foliannu, gweddïo a phregethu. Fe beintiodd Vosper ei ddarlun o'r hen wraig ddefosiynol yng ngwres yr obsesiwn amddiffynnol yma am burdeb a glendid ysbrydol. Parod iawn oedd y diaconiaid i ddiarddel y 'pechaduriaid'. Roedd achosion o wragedd yn cael eu diarddel am y 'pechod' o briodi 'un o'r byd', trwy ddewis gŵr nad oedd yn aelod o gapel Methodistaidd. Doedd ryfedd mor barod yr oeddan ni i ddyfalu tybed oedd Siân Owen yn cael ei throi allan.

Rhyw 'chydig geinioga gafodd hi am ei diwrnod o flaen yr arlunydd, ond cafodd ugain mlynedd wedyn o'i chyplysu â'r Diafol, a'i holi'n ddi-baid pam roedd hi'n gadael y capel. Ar ei charreg fedd ceir y geiriau, 'Cystuddiwyd fi'n ddirfawr; bywha fi, O Arglwydd, yn ôl dy air' (Salm 119).

Mae i bob eicon ei gyfnod. Cilio wnaiff ei apêl a'i arwyddocâd. Ond rhag ein bod ni'n gwirioni gormod efo'r llun, daeth gair call gan Catherine Richards, organyddes y capel bach, i roi popeth yn ei iawn le: "'Dan ni ddim yn addoli'r llun, wyddoch chi, Endaf." Y capel, nid y darlun, oedd yn bwysig iddyn nhw: "Pump o aelodau sydd ganddon ni rŵan. Mae o braidd yn ddigalon, dwi'n meddwl, ynte? Does yna neb i ddod ar ein hola ni, dyna'r drwg, i gadw'r lle i fynd; mynd yno i'r gwasanaetha ydan ni, i gadw'r drws yn agored."

Daeth *Salem* i gynrychioli rhyw hiraeth parchedig

am ein gorffennol capelaidd. Dim ond atgof prin ydy'r gorffennol hwnnw heddiw. Ond mae *Salem* Curnow Vosper yn dal yn eicon i lawer ohonon ni sy'n dal i gofio lle'r capel, a lle'r darlun, yn ein bywydau. Fues i'n falch o fod yn droednodyn, print mân, yn ei hanes hir. Wrth sgwennu'r llyfr dwi wedi dod i weld cymaint rhan o 'mywyd i oedd y capel, ac er i fi ddewis ffordd arall i'w cherdded, dwi'n gobeithio'n wir y gellir 'cadw'r drws yn agored'.

"Nos da, Siân"

DWI'N DDIGON HEN i fedru cofio clywed Bob Roberts Tai'r Felin yn canu, 'Rwy'n bedwar ugain oed… di-wec-ffal-di-la-la-la', a dyma fi rŵan, ac yn sydyn braidd, 'run oed â fo. Ond ar wahân i ryw duchan ysbeidiol, a phendwmpian yn y pnawnia, dydw i'n teimlo fawr gwahanol i'r hogyn bach hwnnw fyddai'n mynd ar garlam i lan môr, ar gefn ei geffyl anweledig. Mae'r ceffyl hwnnw'n dal gynna i, a hen bryd i fi ddringo ar ei gefn, a ffarwelio efo chi, chwifio fy het, a dŵad â'r stori yma i'w therfyn.

Mi gofia i fy chwaer Shân yn dŵad adra ar ôl bod yn y pictiwrs mawr am y tro cyntaf. Un o oreuon Hollywood oedd ar y sgrin, ond yr hyn oedd wedi rhyfeddu Shân yn fwy na dim oedd y geiriau gododd o'r môr ar y diwedd, 'THE END'. Ac yn wir, mae yna foddhad o gyrraedd pen draw pob stori. Mi wnes i alw ar y gyffelybiaeth honno yn record *Salem*, hanner can mlynedd yn ôl, o lwybr bywyd fel cwrs afon, sydd â'i diwedd ym môr rhyw dragwyddoldeb. Deg ar hugain o'n i'n canu am yr afon honno, yn ddifeddwl a dweud y gwir; roeddwn i yng nghanol ei bwrlwm prysur, a'm henoed ymhell, bell i ffwrdd. Heddiw, mae'r afon wedi arafu; rydw i yn y gwastadeddau, ym mwynder Rhiwbeina; yn gwrando ar y nant, ond yn meddwl am yr afon, sydd, trwy ryw ryfedd ddaearyddiaeth, yn golchi glannau'r Tocyn Brwyn; ac mi glywa i donnau'r môr yn curo ar Graig yr Imbyll bell.

A'r nos a ddaw
Â'r dydd i ben,
Daw lleuad llawn i wylio tros y byd
A pheintio'i lwybrau hud...
Wel nos da, Siân,
A'r cwmni diddan yn y wlad,
Nos da,
Nos da,
Rhaid i mi fynd...

(*Salem*, 1974)

'Y DIWEDD'